PADRÃO DE REPRODUÇÃO DO CAPITAL

Carla Ferreira, Jaime Osorio e Mathias Luce
(organizadores)

PADRÃO DE REPRODUÇÃO DO CAPITAL
contribuições da teoria marxista da dependência

Copyright © Boitempo Editorial, 2012

Coordenação editorial
Ivana Jinkings

Editora-adjunta
Bibiana Leme

Coordenação de produção
Juliana Brandt

Assistência editorial
Pedro Carvalho

Assistência de produção
Livia Viganó

Revisão
Thaisa Burani

Capa
Federico Bronenberg

Diagramação
Livia Campos

CIP-BRASIL. CATALOGAÇÃO-NA-FONTE
SINDICATO NACIONAL DOS EDITORES DE LIVROS, RJ

P139

    Padrão de reprodução do capital : contribuições da teoria marxista da dependência / Carla Ferreira, Jaime Osorio, Mathias Luce (orgs.) / São Paulo, SP. - Boitempo : 2012.

    Alguns capítulos traduzidos do espanhol por Carla Ferreira e Mathias Seibel Luce
Inclui bibliografia
ISBN 978-85-7559-282-3

    1. Marx, Karl, 1818-1883. 2. Capitalismo. 3. América Latina - Condições econômicas. 4. América Latina - Política econômica. 5. Economia - História. I. Ferreira, Carla. II. Osorio, Jaime. III. Luce, Mathias.

12-4076.   CDD: 330.122
     CDU: 330.142.1

É vedada a reprodução de qualquer parte deste livro sem a expressa autorização da editora.

1ª edição: julho de 2012; 1ª reimpressão: agosto de 2025

BOITEMPO
Jinkings Editores Associados Ltda.
Rua Pereira Leite, 373
05442-000 São Paulo SP
Tel.: (11) 3875-7250 / 3875-7285
editor@boitempoeditorial.com.br | boitempoeditorial.com.br
blogdaboitempo.com.br | youtube.com/tvboitempo

SUMÁRIO

Agradecimentos 7

Introdução 9
  Carla Ferreira e Mathias Seibel Luce

1 O ciclo do capital na economia dependente 21
  Ruy Mauro Marini

2 Padrão de reprodução do capital: uma proposta teórica 37
  Jaime Osorio

3 Superexploração da força de trabalho e transferência de valor:
  fundamentos da reprodução do capitalismo dependente 87
  Marisa Silva Amaral e Marcelo Dias Carcanholo

4 América Latina: o novo padrão exportador de especialização produtiva –
  estudo de cinco economias da região 103
  Jaime Osorio

Referências bibliográficas 135
Sobre os organizadores e autores 141

Dedicamos este livro a
Ruy Mauro Marini e Miguel Enríquez

AGRADECIMENTOS

Ivana Jinkings e Bibiana Leme garantiram este livro, com seu trabalho primoroso de edição, provando mais uma vez a condição da Boitempo de crisol do pensamento crítico. A família de Ruy Mauro Marini gentilmente autorizou a publicação do ensaio "O ciclo do capital na economia dependente" – somos gratos por seu incentivo à continuidade da trajetória inaugurada por Marini. Agradecemos à revista *Katálysis*, que publicou originalmente o texto do capítulo 3 sob o título "A superexploração do trabalho em economias periféricas dependentes", atualizado pelos autores para esta coletânea. Marcelo Dias Carcanholo, com sua atitude exemplar no rigor na leitura de Marx, foi um incentivador deste volume. Marisa Amaral ajudou com contatos valiosos para promover este livro, assim como Niemeyer Almeida Filho, presidente da Sociedade Brasileira de Economia Política (SEP), cujo empenho pessoal merece reconhecimento. Fernando Correa Prado, à frente do GT Teoria Marxista da Dependência, da SEP, vem se destacando na articulação de pesquisadores brasileiros a partir do interesse renovado pelas teses da teoria marxista da dependência. Virgínia Fontes, em sua militância pelo pensamento crítico no GT História e Luta de Classes da Associação Nacional de História (Anpuh), e Carlos Eduardo Martins, à frente do GT Pensamento Latino-Americano da Associação Nacional de Pós-Graduação e Pesquisa em Ciências Sociais (Anpocs), têm propiciado a discussão de temas fundamentais do capitalismo latino-americano e das tarefas colocadas para sua superação. Este livro se inscreve no mesmo espírito e se nutre dele.

Agradecemos aos membros do Grupo de Estudos em História Econômica da Dependência Latino-Americana, da Universidade Federal do Rio Grande do Sul

(Hedla-UFRGS), que se propõem a contribuir na tarefa de enraizar a abordagem do padrão de reprodução do capital com estudos que apontam para a necessária superação do capitalismo dependente, por uma sociedade livre do poder despótico do capital.

Também agradecemos à Universidad Autónoma Metropolitana – Xochimilco, onde Jaime Osorio desempenha atividades de professor-pesquisador no departamento de Relaciones Sociales.

Carla Ferreira, Jaime Osorio, Mathias Seibel Luce
Porto Alegre/Cidade do México, junho de 2012

INTRODUÇÃO

Nos estudos de economia política e história econômica, uma das tarefas mais difíceis para o pesquisador marxista é captar o movimento do capital em sua processualidade no contexto de situações histórico-concretas, o que exige transitar em diferentes níveis de abstração, desde os maiores, das categorias de *O capital*, até aqueles que resultam de sínteses de múltiplas determinações da experiência social no tempo. Como fazer o estudo das leis de tendência do sistema capitalista e das formas de produção, acumulação, circulação e apropriação do valor – ou seja, do processo reprodutivo do capital – em situações histórico-concretas? Além da perspectiva da totalidade, um conjunto vasto de mediações deve comparecer para que a análise mantenha o rigor necessário. O livro que o leitor tem agora em mãos introduz no Brasil uma proposta teórica capaz de lidar com essas interrogantes: a abordagem do padrão de reprodução do capital.

Formulada originalmente por Ruy Mauro Marini, no âmbito da teoria marxista da dependência (TMD), a perspectiva do *padrão de reprodução do capital* ganhou feições definitivas por meio da obra de Jaime Osorio. A proposta é um divisor de águas para os interessados na leitura crítica do capitalismo latino-americano, a partir de uma perspectiva que sustenta a necessidade da ortodoxia no método e rejeita tanto o ecletismo como o dogmatismo para nutrir o marxismo em sua condição de ciência transformadora.

Abordagens sistêmicas como a escola regulacionista francesa (regime de regulação), a economia política dos sistemas-mundo (ciclos sistêmicos de acumulação) e a escola da ciência econômica brasileira que tem como referência os trabalhos de Maria da Conceição Tavares (padrão de acumulação) são alguns dos exemplos conhecidos entre as tentativas de abordar o movimento do capital no tempo e no espaço considerando as diferentes pautas da economia capitalista. Todos esforços meritosos. Mas faltava até então uma proposta teórica que, tendo a teoria do valor de Marx como seu núcleo orgânico, apresentasse um programa de pesquisa que englobasse os ciclos do capital e seu processo reprodutivo no tempo, em contextos histórico-concretos, sem concessões para outras vertentes teóricas que não incorporam a perspectiva da luta de classes como centralidade ou que mesclam categorias marxianas com ideias de matriz keyesiana ou weberiana. A abordagem do *padrão* supera esses limites teóricos ao combinar as contribuições sobre os ciclos do capital e os esquemas de reprodução do volume II da obra magna de Marx, vinculando o processo de valorização do capital e sua encarnação em valores de uso específicos – meios de produção, meios de consumo (bens-salário e bens suntuários) – com os problemas da economia e da vida real dos povos submetidos ao capitalismo enquanto sistema mundial hierarquicamente diferenciado.

O presente volume contém a expressão original dessa categoria de análise e sua abordagem metodológica, através das contribuições de três gerações de autores que possuem em comum a filiação à TMD, uma das mais vigorosas correntes do pensamento crítico na América Latina: Ruy Mauro Marini, um dos fundadores da TMD e seu mais notório expoente; Jaime Osorio, seu discípulo; e Marcelo Carcanholo e Marisa Amaral, autores que representam a terceira geração da TMD ao reivindicarem o legado dessa tradição do pensamento latino-americano, procurando atualizá-la nesse começo de século XXI.

Para situar melhor o leitor a respeito da relevância e do alcance da TMD, cabe aqui uma breve abordagem histórica de sua trajetória. Participando do ambiente que permitiu renovar o marxismo latino-americano nos anos 1960 e 1970, a TMD foi erigida como tributária e continuadora do esforço autóctone para pensar as particularidades do capitalismo e a luta de classes no continente. Assim como Mariátegui integrara os temas raça e classe no debate sobre as questões agrária e indígena, com sua proposição de um socialismo indoamericano, e Guevara, no influxo da Revolução Cubana, colocara na ordem do dia o tema da revolução em nível continental, um grupo de intelectuais vinculados a organizações da esquerda revolucionária abriu o caminho para desvelar as leis próprias de funcionamento do capitalismo dependente latino-americano, enquanto modalidade *sui generis* da economia mundial, e pensar uma teoria que desse conta de explicá-lo. Seu legado teórico implicou a superação dos limites interpretativos próprios do desenvolvimentismo de inspiração cepalina e do monopólio do marxismo pela Terceira Internacional.

Em 1971, um militante revolucionário brasileiro, Ruy Mauro Marini, então com 39 anos, chegava ao Chile para somar-se aos demais intelectuais atraídos pela experiência do governo da Unidad Popular, de Salvador Allende. Cassado, perseguido e torturado pelo Terror de Estado instaurado no Brasil com o golpe de 1964, Marini reencontraria no Chile, após seu primeiro exílio no México, seus antigos companheiros da organização Política Operária (Polop) Theotonio dos Santos e Vânia Bambirra, bem como o intelectual internacionalista nascido em Berlim Andre Gunder Frank, com quem lecionara na Universidade de Brasília. No novo porto seguro chileno – até a contrarrevolução de 1973[1] – despontaria um centro de elaboração do pensamento crítico, o Centro de Estudios Socioeconómicos (Ceso)[2], que passou a receber importantes nomes da intelectualidade de esquerda mundial. Dirigido por Theotonio, o Ceso seria palco de um dos capítulos mais significativos da trajetória do marxismo latino-americano. Naquele espaço funcionava um grupo de investigação sobre capitalismo dependente, onde se reuniram todos os principais nomes que impulsionaram a TMD em seu início. No breve período de cinco anos, ali se publicaram as obras que conferiram sentido à TMD como nova corrente do pensamento marxista: *El nuevo carácter de la dependencia*, de Theotonio dos Santos[3], *Imperialismo, dependencia y relaciones económicas internacionales*, de Orlando Caputo e Roberto Pizarro[4], *El capitalismo dependiente latinoamericano*, de Vânia Bambirra[5] e *Dialéctica de la dependencia*, de Ruy Mauro Marini[6].

Dando sequência à crítica de Gunder Frank sobre a caracterização da economia latino-americana como feudal ou semifeudal à espera de burguesias internas supostamente anti-imperialistas – crítica inaugurada pelo axioma *desenvolvimento do subdesenvolvimento*, que veio a público em uma seleção da *Monthly Review* em castelhano[7] –, os fundadores da TMD tomaram para si uma tarefa primordial a fim de enraizar um marxismo renovado no continente. Se Lenin, Hilferding, Bukharin

---

[1] Marini narra a luta de classes e as contradições e conflitos da experiência do governo da Unidad Popular em *El reformismo y la contrarrevolución: estudios sobre Chile* (Cidade do México, Era, 1976).

[2] Vinculado à Universidade de Chile. No Ceso também tinha lugar um seminário de leitura de *O capital*, sob a coordenação de Emir Sader. Além de abrigar a geração dos fundadores da TMD, o Ceso, procurando intervir no curso da experiência chilena do governo da Unidad Popular, promovia debates sobre temas candentes, como o simpósio internacional "La transición al socialismo y la experiencia chilena", publicado em livro de mesmo nome (Santiago, Ceso-Ceren--PLA, 1972).

[3] Santiago, Ceso, 1968.

[4] Santiago, Ceso, 1971.

[5] 15. ed., Cidade do México, Siglo XXI, 1999. Originalmente publicado pelo Ceso em 1971.

[6] Ver "Dialética da dependência", em João Pedro Stédile e Roberta Traspadini, *Ruy Mauro Marini: vida e obra* (São Paulo, Expressão Popular, 2005). Ed. mex.: *Dialéctica de la dependencia* (Cidade do México, Era, 1973), disponível em: <http://www.marini-escritos.unam.mx/004_dialectica_es.htm>. Acesso em 12 jun. 2012. Originalmente publicado pelo Ceso em 1972 em edição mimeografada.

[7] Andre Gunder Frank, "El desarrollo del subdesarrollo", *Monthly Review: Selecciones en Castellano*, Santiago, v. 4, n. 36, 1966.

e Rosa Luxemburgo, partindo da teoria da acumulação de Marx, buscaram explicar a nova etapa do desenvolvimento capitalista no começo do século XX pensando a teoria do imperialismo, um novo desafio era posto para a geração reunida no Ceso. Na fase da integração dos sistemas de produção sob a égide da exportação de capitais, era uma exigência pensar como o capital submetia e subordinava as formações sociais dependentes – caso dos países latino-americanos – e como o imperialismo fincava raízes na região, investigando a maneira peculiar pela qual o capital se reproduz nas economias latino-americanas, desde sua vinculação ao mercado mundial. Em suma, o capitalismo dependente não era a sociedade tradicional superável mediante políticas nacional-desenvolvimentistas, nem o atraso que seria ultrapassado pela revolução democrático-burguesa, mas a outra face da mesma economia mundial capitalista e seu sistema imperialista, com seus mecanismos internos de funcionamento que era preciso desvelar, compreender e superar.

Em uma rápida sumarização, os intelectuais do Ceso, com as obras mencionadas, afirmaram a TMD como nova corrente marxista: a) definindo a categoria *dependência* e suas formas históricas ou esferas fenomênicas, como a dependência comercial, financeira e tecnológica (Dos Santos); b) desvelando as leis próprias do capitalismo dependente, em especial a superexploração da força de trabalho, a transferência de valor e a cisão entre as fases do ciclo do capital (Marini); c) estabelecendo os nexos entre a dependência e a teoria marxista do imperialismo e discutindo metodologias para o estudo da transferência de valor no mercado mundial (Caputo e Pizarro); d) pensando as diferenciações entre as formações econômico-sociais do capitalismo dependente latino-americano (Bambirra).

Ao final de *Dialética da dependência*, que pode ser considerado o "manifesto teórico" da TMD[8], Marini afirmava que

> a tarefa fundamental da teoria marxista da dependência consiste em determinar a legalidade específica pela qual se rege a economia dependente. Isso supõe, desde logo, colocar seu estudo no contexto mais amplo das leis de desenvolvimento do sistema em seu conjunto e definir os *graus intermediários* pelos quais essas leis se vão especificando. É assim que a simultaneidade da dependência e do desenvolvimento poderá ser entendida.[9]

Em um sentido mais geral, pode-se dizer que a primeira tarefa (determinar a legalidade específica pela qual se rege a economia dependente) foi a que mais ocupou a atenção da geração de autores que fundou a TMD. Mas fazia falta ainda uma metodologia que a amarrasse a diferentes temas, como imperialismo, divisão

---

[8] Ver Jaime Osorio, "El marxismo latinoamericano y la dependencia". *Cuadernos Políticos*, Cidade do México, Era, n. 39, 1984, p. 40-59; e Nildo Ouriques, *La teoría marxista de la dependencia. Una historia crítica* (Tese de Doutorado, México, Facultad de Economía – División de Posgrado/ UNAM, 1995).

[9] Ruy Mauro Marini, "Dialética da dependência", cit., p. 193.

internacional do trabalho, formações econômico-sociais e conjunturas, e que permitisse o estudo rigoroso do movimento do capital, conforme o segundo objetivo colocado por Marini: "definir os *graus intermediários* pelos quais essas leis [que regem a economia dependente] se vão especificando". Das obras fundadoras da TMD, *El capitalismo dependiente latinoamericano*, de Vânia Bambirra, foi a que mais adentrou nessa seara, objetivo consciente da autora[10]. O livro de Bambirra constitui um ensaio de grande alcance interpretativo, que perdura até hoje.

O próximo passo necessário seria pensar as mediações teóricas para captar o movimento do capital nas distintas formações sociais analisadas por Bambirra e nos termos das leis próprias da economia dependente e suas formas respectivas, como analisadas por Marini e Theotonio. Como transitar entre as leis que regem o capitalismo dependente e as características singulares dos países ou formações sociais, considerando-os em conjunturas determinadas e em diferentes etapas da economia mundial e das relações imperialistas? Esse foi o espaço teórico suprido pela noção do padrão de reprodução do capital, esboçada por Marini em suas linhas mais gerais nos anos 1970 e 1980[11], mas que levaria um pouco mais de tempo para amadurecer como elo continuador na construção da TMD, até ser aprofundada e explicitada com maior precisão por Jaime Osorio, como fruto de quase três décadas de investigação do marxista chileno-mexicano em torno de níveis de análise intermediários e mais concretos.

O contato de Osorio com Marini remonta à época em que o primeiro era um jovem dirigente estudantil da Faculdade de Sociologia da Universidad de Chile e o segundo, um dos marxistas brasileiros recém-chegados ao país, que passara a lecionar na Universidad de Concepción: "nosso Centro de Estudantes encontrava-se em processo de reformulação do currículo de sociologia e contatamos Ruy para que nos ajudasse naquela tarefa. Não o conhecíamos pessoalmente, mas tínhamos referências suas através de companheiros de Concepción"[12]. Eram tempos fora do comum. O ascenso de massas vivido pelos chilenos logo sinalizaria uma situação pré-revolucionária. Como toda conjuntura em que o extraordinário se torna cotidiano, aqueles anos de luta radicalizada eram um ambiente propício para a gestação das ideias da TMD. Novas posturas em relação ao conhecimento se faziam sentir nos espaços acadêmicos e institucionais. Na pesquisa, o já mencio-

---

[10] Segundo a autora, seu livro "consiste em *um nível intermediário* entre a tentativa de conceituação teórica geral da dependência [...] e *o estudo específico das estruturas dependentes concretas*". Vânia Bambirra, *El capitalismo dependiente latinoamericano*, cit., p. 9 (aqui em tradução livre, grifo do original).

[11] Ver Ruy Mauro Marini, cap. 1 deste livro; e "Sobre el patrón de reproducción del capital en Chile", *Cuadernos de Cidamo*, Cidade do México, n. 7, 1982.

[12] Jaime Osorio, depoimento aos autores, maio de 2012.

nado Ceso; no ensino, a consciência de que o estudo da luta de classes exigia um profundo conhecimento da realidade econômica, levando ao rompimento com a compartimentação acadêmica do saber:

> como a discussão do capitalismo dependente e do subdesenvolvimento era cada dia mais importante, nós, dirigentes estudantis de sociologia, levamos os colegas de curso para a Escola de Economia e ali, por meses, tivemos aulas conjuntas com os estudantes de economia. Era nessa escola em que lecionavam os pesquisadores do Ceso e fundadores da TMD. Foi durante esse processo que passei a ser assistente de pesquisa da área sobre capitalismo dependente coordenada por Ruy no Ceso.[13]

Esse foi o primeiro contato entre o autor de *Dialética da dependência* e um de seus principais discípulos. Estava nascendo uma parceria intelectual que em espaços de elaboração teórica e da crítica militante, no Chile e no México, resultaria na proposta teórica do padrão de reprodução do capital e sua determinação pela apreensão da totalidade como imperativo para a transformação social.

Após a interrupção brutal da experiência do Ceso pelo golpe de Pinochet em 1973, Marini, Dos Santos, Bambirra e, junto com eles, Osorio e outros intelectuais marxistas como Tomás Vasconi continuaram a tarefa de elaboração da TMD em seu exílio no México. Ali se formou todo um novo grupo de autores vinculados à TMD, tendo em Osorio um dos mais destacados representantes dessa segunda geração[14]. Em 1975, como resultado de pesquisa em seus estudos de pós-graduação, Osorio publicou "Superexplotación y clase obrera: el caso mexicano", na revista *Cuadernos Políticos*[15]. Esse foi um dos estudos pioneiros a empregar a categoria da superexploração, desenvolvida no plano teórico por Marini, no exame de uma situação histórico-concreta. Além de um estudo das relações de produção na economia mexicana da década de 1970, Osorio apontou naquele artigo novos elementos teóricos para pensar as circunstâncias em que se dá a superexploração, bem como para o estudo das suas formas, especialmente o aumento da intensidade da exploração da força de trabalho[16]. No período de 1977 a 1982, a colaboração de Osorio

---

[13] Jaime Osorio, depoimento aos autores, maio de 2012.

[14] Ver Ruy Mauro Marini, "Memória", em João Pedro Stédile e Roberta Traspadini, *Ruy Mauro Marini: vida e obra*, cit., p.112-3. Entre os nomes dessa segunda geração destaca-se também o de Adrián Sotelo Valencia.

[15] "Superexplotación y clase obrera: el caso mexicano", *Cuadernos Políticos*, Cidade do México, Era, n. 6, 1975, p. 5-23. A revista *Cuadernos Políticos* trouxe à tona importantes trabalhos de expoentes do marxismo latino-americano e mundial. Sua coleção completa foi digitalizada e disponibilizada livremente para acesso eletrônico pela Universidad Nacional Autónoma de México (Unam), pelo endereço <www.cuadernospoliticos.unam.mx>.

[16] Parte desse texto está na coletânea *América Latina e os desafios da globalização: ensaios dedicados a Ruy Mauro Marini* (São Paulo, Boitempo, 2009), coordenada por Emir Sader e Theotonio dos Santos e organizada por Carlos Eduardo Martins e Adrián Sotelo Valencia.

com Marini prosseguiu no Centro de Información, Documentación y Análisis del Movimiento Obrero Latinoamericano (Cidamo), fundado por Marini[17]. Se o Ceso foi o ambiente onde os fundamentos da TMD tiveram origem, os anos da experiência do Cidamo foram, por sua vez, um crisol para novas formulações, entre elas a abordagem do padrão de reprodução do capital. Em 1982, tinha lugar no Cidamo o Seminário sobre Padrões de Reprodução do Capital, coordenado por Marini e com a participação de jovens pesquisadores – em sua maioria estudantes de pós-graduação – de diversos países latino-americanos que estavam exilados ou vivendo no México (argentinos, chilenos, brasileiros, uruguaios, peruanos e de diversos países da América Central). Como resultado do seminário, Marini publicou no mesmo ano o artigo "Sobre el patrón de reproducción del capital en Chile"[18]. Osorio, por sua vez, elaborou notas metodológicas que permaneceram inéditas até serem retomadas em escritos posteriores sobre o tema[19].

O artigo "Sobre el patrón..." retomava o eixo de análise apresentado em um outro ensaio, "El ciclo del capital en la economía dependiente"[20], considerado pelos autores desta introdução como o texto fundador da abordagem do *padrão* e que a Boitempo publica pela primeira vez em português neste volume. Enquanto o texto de 1979 concentrava a reflexão na discussão teórica sobre o modo específico pelo qual o capital percorre as distintas fases de seu ciclo nas economias dependentes (o que mais tarde viria a ser caracterizado como uma das dimensões do padrão de reprodução do capital), o segundo trabalho, já empregando a nova noção forjada no calor da TMD, direcionava o foco para o exame do *padrão* em uma formação histórico-concreta – a economia chilena. No entanto, a definição do *padrão* em sua completude restava ainda por ser feita.

De acordo com Osorio, no grupo de trabalho do Cidamo, faziam-se

> análises de conjuntura da situação mundial e da América Latina em particular, as quais eram publicadas mensalmente com o nome de *Cidamo Internacional*, que servia a diversas organizações revolucionárias centro-americanas e do Cone Sul latino-americano. Ruy era o guia teórico de todo assunto, e eu cumpri trabalhos editoriais dessa publicação por um bom período.[21]

---

[17] Ver, de Ruy Mauro Marini, "Memória", cit.
[18] Ruy Mauro Marini, "Sobre el patrón de reproducción del capital en Chile", cit.
[19] Cabe também mencionar duas teses orientadas por Marini que discutiram o tema do padrão de reprodução: ver Nilson Araujo de Souza, *Crisis económica y lucha de clases en Brasil: 1974-1979* (Trabalho de Conclusão de Curso, Cidade do México, Facultad de Economía/Unam, 1980, cap. 1) e Patricia Olave, *El cambio de patrón de reproducción de capital en Chile* (Tese de Doutorado, Cidade do México, Facultad de Economía/Unam, 1982).
[20] Em Úrsula Oswald (org.) *Mercado y dependencia* (Cidade do México, Nueva Imagen, 1979), p. 37-55.
[21] Osorio, depoimento aos autores, maio de 2012.

Dentre as atividades no Cidamo, Osorio deteve-se no objetivo de aprofundar as categorias da TMD em níveis de análise histórico-concretos, seguindo as mesmas preocupações que motivaram Marini a escrever "Sobre el patrón..." e salientando o tema do Estado e das lutas políticas entre as classes e frações de classes nas conjunturas, no estudo de como o capital se reproduz em formações econômico-sociais dependentes. Destacam-se, nesse sentido, os artigos "Auge y crisis de la economía chilena, 1973-1982"[22] e "Chile: Estado y dominación"[23], ambos publicados em *Cuadernos Políticos*.

Esses dois escritos, assim como sua tese de doutorado concluída em 1985[24] e o artigo sobre superexploração no caso mexicano demonstram a preocupação de Osorio em investigar o movimento do capital e as relações de produção em uma formação econômico-social, bem como seus elementos superestruturais. A esse conjunto de trabalhos, em que se podia observar a preocupação de transitar entre os níveis mais elevados de abstração (modo de produção, sistema mundial) e os mais concretos (formação econômico-social, conjuntura), seguiu-se o ensaio *El análisis de coyuntura*[25], um texto com reflexões metodológicas para a análise crítica da luta de classes e das transformações na economia mundial e seus acontecimentos em pleno desenrolar.

> Quando o Cidamo fechou, nos demos conta de que fazíamos análises de conjuntura, mas não tínhamos nenhum material escrito sobre o que é uma conjuntura e como analisá-la. Com o fim de sanar essa situação é que escrevo o livreto *El análisis de coyuntura*, em 1987, o qual se difunde extensamente pela América Central (onde aconteciam as guerras civis na Nicarágua, El Salvador, Guatemala).[26]

A reflexão sobre o que são as conjunturas e os critérios de apreensão do real nesse nível de análise em que não só a duração temporal mas a natureza dos acontecimentos econômico-políticos assume sua dimensão mais imediata suscitou a necessidade de delimitar cada nível de abstração no âmbito da teoria marxista. E, junto com eles, as articulações dos níveis entre si. Dessa necessidade teórica resultou, anos mais tarde, o artigo "Sobre epistemología y método en Marx", publicado no livro *Crítica de la economía vulgar: reproducción del capital y dependencia*[27]. Nesse trabalho, Osorio realizou uma sistematização do método de Marx, organi-

---

[22] Em *Cuadernos Políticos*, Cidade do México, Era, n. 33, 1982, p. 20-31.
[23] Ibidem, n. 36, 1983, p. 73-86.
[24] Publicada como *Raíces de la democracia en Chile, 1850-1970: reinterpretación del desarrollo económico y político* (Cidade do México, Era, 1990).
[25] Cidade do México, Cidamo, 1987.
[26] Osorio, depoimento aos autores, maio de 2012.
[27] Cidade do México, Miguel Ángel Porrúa/UAZ, 2004.

zando a reflexão para colocar em evidência o papel decisivo do processo de abstração (e seus níveis):

enquanto teoria e metodologia, o marxismo pode ser considerado um *corpus* unitário. Isso não significa, entretanto, que dentro de sua unidade não existam elementos teóricos e metodológicos diferenciadores, sendo os níveis de abstração um fator fundamental nesse sentido.[28]

A noção de padrão de reprodução do capital era explicitada pela primeira vez como um nível de abstração específico da teoria marxista: "no marxismo, podemos distinguir os seguintes [níveis de abstração]: modo de produção, modo de produção capitalista, sistema mundial, padrão de reprodução do capital, formação social e conjuntura"[29].

O padrão de reprodução, ao ser definido como a condensação de um conjunto de regularidades do movimento do capital no tempo histórico e em espaços geoterritorias definidos, no contexto da economia e do sistema político mundiais e como nível de abstração intermediário entre as formações sociais e o sistema mundial, revelou-se algo de suma importância para compreender a estruturação do capitalismo mundial. Foi essa a descoberta teórica de Jaime Osorio, seguindo o caminho analítico inaugurado por Marini, e que permitiu explicitar todos os seus nexos categoriais e propor pela primeira vez, de maneira rigorosa e precisa, todo um programa de pesquisa consubstanciado na, agora, *categoria de análise*[30] do padrão de reprodução do capital. Assim como Marini levara adiante o axioma de Gunder Frank do *desenvolvimento do subdesenvolvimento*, para em *Dialética da dependência* desvelar as leis próprias de funcionamento do capitalismo dependente, Osorio dedicou sua reflexão para compreender e explicar o que formaria um novo elo na construção da TMD[31].

Com a reconstituição do percurso da categoria do *padrão* em Marini e Osorio esperamos ter ajudado a situar o leitor no propósito deste livro. E, ao mesmo tempo, contextualizar a dimensão e a importância para o pensamento crítico latino-

---

[28] Ibidem, p. 29.
[29] Ibidem, p. 28. Colchetes nossos.
[30] No pensamento marxista, as categorias exprimem o concreto-síntese ou concreto com múltiplas determinações e, por isso mesmo, representam um patamar de reflexão mais elevado que o de simples noções.
[31] Além de sua contribuição para a categoria do padrão de reprodução, a obra de Osorio trouxe aportes para o pensamento marxista no debate sobre a teoria social latino-americana com "Explotación redoblada y actualidad de la revolución" (Cidade do México, Itaca-UAM Xochimilco, 2009) e com "Actualidad de la reflexión sobre el subdesarrollo y la dependencia", em Ruy Mauro Marini e Márgara Millán (orgs.), *La teoria social latinoamericana, tomo IV: Cuestiones contemporáneas* (Cidade do México, El Caballito, 1996); e sobre a teoria marxista do Estado com *El Estado en el centro de la mundialización* (Cidade do México, Fondo de Cultura Económica, 2004).

-americano da obra de Osorio, ainda desconhecida entre o público brasileiro, mas já uma referência entre os marxistas de países latino-americanos como México, Argentina e Chile.

Eis o propósito do livro que apresentamos ao leitor.

O capítulo 1, de Marini, "O ciclo do capital na economia dependente", publicado no México em 1979, explora as formulações de Marx sobre a dialética entre produção e circulação, dos volumes II e III de *O capital*. Marini discute o problema da cisão entre as fases do ciclo do capital, demonstrando como a dependência nas esferas tecnológica e financeira, assim como a persistência da superexploração da força de trabalho, fazem com que se perpetue a subordinação dos países dependentes à divisão internacional do trabalho, inclusive após a transição de economias primário-exportadoras para economias com mercados de consumo de massas em países latino-americanos de maior desenvolvimento relativo. Marini retoma as ideias principais de *Dialética da dependência* para: (1) aprofundar a discussão das leis próprias a essa modalidade de capitalismo, detendo-se especialmente na cisão entre as fases do ciclo do capital; (2) articular as formas/esferas da dependência com as leis de funcionamento da economia dependente; (3) afirmar a necessidade de investigar os ciclos do capital abarcando todas as fases percorridas por ele, ou seja, o seu processo reprodutivo – e não apenas a acumulação de capital, que nem sequer abrange todo o processo de produção do valor, erro comum que pode ser encontrado em diferentes autores, os quais pensam no movimento do capital apenas através da acumulação, desconsiderando os outros momentos também fundamentais de seu ciclo[32].

No capítulo 2, o inédito "Padrão de reprodução do capital: uma proposta teórica", Osorio dá seguimento ao pensamento de Marini e aprofunda suas reflexões dos últimos vinte anos sobre níveis de abstração e padrão de reprodução do capital, propondo um verdadeiro programa de pesquisa em torno dessa categoria. O autor estabelece o conjunto de mediações categoriais que permitem transitar entre diferentes níveis de abstração, proporcionando um método para o estudo das formas de produção, acumulação, circulação e distribuição/apropriação do valor, em formações histórico-concretas, através das diferentes fases da história latino-americana. Com isso, a abordagem do *padrão possibilita historicizar a reprodução do capital em formações sociais concretas*:

> A reprodução do capital assume formas diversas em diferentes momentos históricos, devendo se readequar às mudanças produzidas no sistema mundial e na divisão inter-

---

[32] "Atualmente, tende-se incorretamente a substituir o conceito de reprodução do capital, que engloba o conjunto do ciclo do capital, pelo de acumulação, que é muito mais restrito e não compreende sequer integralmente a fase de produção", Ruy Mauro Marini, "Estado y crisis en Brasil", *Cuadernos Políticos*, Cidade do México, Era, n. 13, 1977, p. 76-84 (aqui em tradução livre).

nacional do trabalho, reorganizando a produção sobre novos eixos de acumulação e/ou sobre novos valores de uso. *Isso permite historicizar a reprodução do capital* e diferenciar os padrões que se estabelecem.

Historicizar a reprodução do capital implica compreender as condições que tornam possível o ascenso e o auge de um padrão, assim como seu declínio e crise, ao mesmo tempo em que se consideram os momentos de transição, nos quais um antigo padrão não termina de desaparecer ou constituir-se em padrão subordinado e outro novo não termina de amadurecer ou converter-se em padrão dominante.

Tal como todas as categorias marxianas, o padrão de reprodução do capital não corresponde apenas a uma construção mental, mas existe materialmente na realidade. Dessa forma, se ele emana da leitura dos esquemas de reprodução e do estudo dos ciclos do capital em Marx, por outro lado se nutre da trajetória particular de desenvolvimento do capitalismo latino-americano para encontrar sua especificidade em padrões históricos: (1) padrão agromineiro exportador; (2) padrão industrial e suas subfases (etapa internalizada e etapa industrial diversificada); e (3) novo padrão exportador de especialização produtiva. Com isso, a categoria do *padrão* restabelece o vínculo entre valor e valor de uso, recompondo uma unidade fundamental da análise marxista.

No capítulo 3, Marcelo Dias Carcanholo e Marisa Silva Amaral discutem como se dá a imbricação de dois fundamentos que constituem leis próprias da economia dependente: a superexploração da força de trabalho e a transferência de valor. Ambos os fundamentos encontram-se em um nível mais elevado de abstração, aquele do modo de produção capitalista, em sua modalidade *sui generis* de capitalismo dependente. A reflexão de Carcanholo e Amaral conduz à observação de que o grau de dependência encontra-se diretamente vinculado ao nível atingido pelos dois fatores considerados, podendo variar em certas conjunturas, mas conformando sempre a essência do capitalismo dependente. Nesse sentido, o capítulo de Carcanholo e Amaral, além de oferecer argumentos sobre a imbricação entre superexploração e transferência de valor, demonstra que determinadas questões só podem ser colocadas a partir de certos níveis de abstração, ao mesmo tempo que necessitam, logo em seguida, transitar para os demais níveis, com o fim de totalizar uma compreensão sobre a realidade social. A discussão, no terreno da teoria da concorrência, de como os diferenciais de produtividade permitem às economias e empresas do capitalismo central apropriar-se de uma mais-valia extraordinária/lucros extraordinários, significando ao mesmo tempo transferências de valor em detrimento da economia dependente, demonstra-se valiosa para todos que pretendam ir fundo no exame de setores e ramos da produção e mesmo no estudo de capitais individuais.

O capítulo 4 deste livro, por sua vez, traz um estudo de Osorio sobre o surgimento e a consolidação do novo padrão exportador de especialização produtiva em países como Brasil, Argentina, Chile, México e Colômbia, dos anos 1990 aos dias atuais, na conjuntura particular da mundialização do capital, entendida como subfase histórica do imperialismo em que se deu a implementação do capitalismo neoliberal. O autor destaca o peso dos padrões exportadores na história econômica latino-americana como um traço marcante de economias que estão voltadas para atender necessidades de outras economias, em detrimento das necessidades da população trabalhadora local. Quando o debate sobre a tendência à reprimarização ou à desindustrialização adquire importância crescente no Brasil e na América Latina, o texto de Osorio oferece elevado rigor analítico para essa discussão, demonstrando como a redução da participação da massa salarial no PIB, a imposição de novas formas de superexploração do trabalho e o aumento do peso das matérias-primas na estrutura produtiva regional, entre outros elementos, implicaram a passagem do padrão industrial diversificado para o novo padrão exportador de especialização produtiva, reforçando o divórcio entre a estrutura produtiva e as necessidades das amplas massas e, por conseguinte, a cisão entre as fases do ciclo do capital, provocando a reprodução ampliada da dependência.

A esta altura, o leitor terá percebido que a categoria de *padrão*, além de resgatar as contribuições da TMD, sua vigência e urgência para o exame crítico do capitalismo contemporâneo, constitui-se como um verdadeiro programa de pesquisa, articulando contribuições de Marx com formulações do marxismo latino-americano, em especial dos autores dependentistas. Como parte desse programa de pesquisa, os organizadores brasileiros deste livro, com o apoio e o incentivo de Osorio, convidam todos à tarefa coletiva de reinterpretar a história latino-americana através de uma história econômica da dependência, que nos permita conhecer o funcionamento dos diferentes padrões de reprodução do capital na trajetória do capitalismo latino-americano e as questões postas para a superação do sistema do capital em nosso continente.

Com este livro, os marxistas brasileiros e os leitores interessados em América Latina terão um referencial teórico para o estudo concreto de países e economias a partir dos pressupostos da TMD, na qual o imperialismo não é visto como uma realidade externa, mas como algo que finca raízes nas formações sociais dependentes, recolocando a disjuntiva dependência e revolução, para pensar a América Latina com o rigor de Marx, o rigor buscado pelos autores da TMD, seguindo a trilha de Marini.

Carla Ferreira, Mathias Seibel Luce
junho de 2012

1
O CICLO DO CAPITAL NA ECONOMIA DEPENDENTE*

Ruy Mauro Marini

Ciclo do capital e suas formas

Antes de passar a analisar o ciclo do capital na economia dependente, convém assentar alguns elementos. Inicialmente devo precisar que, ao me referir à economia dependente, tenho em vista a forma atual que esta assumiu depois de que, em seu seio, se conformou um setor de produção para o mercado interno que assumiu progressivamente o papel hegemônico na dinâmica econômica. Situação a toda prova diferente da que imperava em princípios do século XX, sob a forma de economia exportadora, quando a economia dependente latino-americana representava um sistema de produção complementar ao das economias centrais, tendo seu ciclo determinado por este. Por outro lado, interessa-nos analisar aqui as três fases do ciclo: circulação, produção e circulação, para o que convém lançar mão da fórmula D-M ... P ... M'-D'. Esta descreve o movimento pelo qual o dinheiro assume a forma de mercadorias (meios de produção e força de trabalho), naquilo que é a primeira fase da circulação, para dar curso a um processo de produção, do qual resultam mercadorias que devem transitar pela segunda fase da circulação, para que o capital recupere novamente a forma dinheiro. A fase da produção tem a característica de ser um processo de valorização, ou seja, de criação de valor novo. A força de trabalho, atuando sobre os meios de produção, não somente transfere o valor contido nestes (no capital constante) às mercadorias que elabora, mas

---

* Texto originalmente publicado em Úrsula Oswald (org.), *Mercado y dependencia* (Cidade do México, Nueva Imagen, 1979), com o título "El ciclo del capital en la economía dependiente". Tradução de Mathias Seibel Luce. (N. E.)

também cria um valor novo que, por um lado, repõe o valor equivalente que foi pago sob a forma de capital variável e, por outro, lança um valor excedente, um remanescente sobre o capital inicial, que corresponde à mais-valia. Esses distintos valores encontram-se englobados no valor total das mercadorias que, terminado o processo de produção, entram na segunda fase da circulação para, mediante sua venda, realizar-se em dinheiro.

A esse respeito, penso que é necessário se deter sobre alguns aspectos. O primeiro deles é a importância do dinheiro no processo de valorização, já que é sob essa forma com que o capital aparece para iniciá-lo e é essa a forma que recupera o capital, ou que deve recuperar, para que outro ciclo possa começar. Em segundo lugar, não se deve perder de vista a importância da fase da produção na qual tem efetivamente espaço a valorização do capital, mediante a produção de mais-valia; todas as formas de remuneração do capital – lucro industrial, lucro comercial, juros e renda da terra – têm sua fonte na mais-valia resultante da valorização e nascem, portanto, da ação do capital produtivo ou, em seu sentido amplo, capital industrial.

A ilusão criada por essas formas de remuneração do capital, segundo a qual seriam possíveis processos de valorização que não passassem pela produção, esfumaça-se assim que consideramos um caso concreto qualquer. Tomemos um que nos é conhecido, o de uma editora. Esta estabelece, sobre a base da experiência e do cálculo dos custos vigentes, o preço final (expressão transfigurada do valor que terá o produto: o livro). Distingue ali o que corresponde à reposição do capital investido na produção do livro (capital constante e variável mais o que se paga ao autor), soma o que ficará em mãos do vendedor, do comerciante, que representa uma porcentagem próxima a 40% do valor total, e acrescenta a porcentagem correspondente aos juros e amortizações de dívidas (parcela incluída no custo de produção), ficando um remanescente que é o lucro propriamente dito da editora. Em consequência, o valor da mercadoria livro deve ser capaz de repor o capital constante (matérias-primas e depreciação do capital fixo) e variável, remunerar o capital industrial responsável por sua produção, o capital comercial e o capital financeiro que tenham investido de algum modo na circulação. O elemento renda da terra, no estado financeiro da empresa, aparece incluído nos custos de produção.

O processo de produção, na medida em que nos permite entender o processo de criação da mais-valia, dá conta do processo de exploração do trabalho pelo capital. O que é valorização para o capitalista é exploração para o trabalhador.

Finalmente, interessa-nos considerar que teremos três partes a analisar no ciclo do capital ou, para sermos mais precisos, no ciclo de reprodução e circulação do capital. A primeira corresponde à fase de circulação, que podemos chamar de C^1, na qual se estuda o capital que, sob a forma dinheiro, comparece na circulação para adquirir, no ato de compra, meios de produção e contratar força de trabalho. A segunda corresponde à da acumulação e produção, mediante a qual o capital reveste-se da forma material de meios de produção e força de trabalho para, por meio de um processo de exploração, promover sua própria valorização, ou seja, a criação de mais-valia. A terceira é a segunda fase de circulação, C^2, na qual o capital, sob a forma de mercadorias que contêm o valor inicial mais a mais-valia gerada, entra no mercado para buscar sua transformação em dinheiro através do intercâmbio, da venda; o dinheiro resultante, se o ciclo se realiza normalmente, deve representar uma magnitude superior com relação ao capital dinheiro que se acumulou.

Primeira fase da circulação

Consideremos agora a maneira como se apresenta o ciclo do capital na economia dependente latino-americana. A primeira coisa que nos deve preocupar é determinar a origem do capital dinheiro que comparece para iniciar o ciclo. Podemos distinguir basicamente três fontes.

Em primeiro lugar, o capital privado interno ou o investimento privado interno, isto é, a parte da mais-valia gerada no interior da economia que (deduzidos os gastos improdutivos do capital) se apresenta para acumular-se sob a forma de meios de produção e força de trabalho. O fato de que esse capital seja juridicamente propriedade de nacionais ou de estrangeiros não afeta absolutamente a situação, posto que estamos considerando apenas a parte da mais-valia que se acumula; isso quer dizer que já foi feita a dedução da parte da mais-valia que sai da esfera da economia nacional sob formas diversas: remessa de lucros, pagamentos de juros, amortizações, *royalties* etc. A mais-valia gerada na economia nacional e investida nela é investimento nacional, independentemente da nacionalidade dos que detenham títulos de propriedade sobre ela; é óbvio que isso não se apresenta assim do ponto de vista das contas nacionais, em que a parte da mais-valia que se encontra em mãos de estrangeiros é, uma vez investida, contabilizada como capital estrangeiro (reinvestimento); porém, é óbvio também que, do ponto de vista da análise do funcionamento da economia, essa é a premissa adotada aqui.

Em segundo lugar, podemos distinguir o investimento público, que tem origem no Estado. Ali, as fontes do investimento são diversas. Por um lado, ele corresponde simplesmente a uma parte da mais-valia gerada, mediante sua transferência ao Estado através dos impostos diretos sobre o capital e os proventos [*sueldos*], assim como da parte dos impostos indiretos que recaem sobre tipos de rendimentos (lucros, proventos etc.) que correspondem à distribuição da mais-valia; junto com essa parte da mais-valia em mãos do Estado, observamos que parte do capital variável também pode aparecer ali mediante os impostos sobre o trabalho ou os impostos indiretos pagos pelos trabalhadores. Uma segunda fonte do investimento público é a que resulta do processo direto de exploração que o Estado, enquanto capitalista, leva a cabo; as empresas estatais funcionam em um sistema capitalista como capitais privados e dão origem diretamente à produção de mais-valia, que, por sua mediação, é apropriada pelo Estado.

Há de se ter presente, desde logo, que nem todo gasto estatal é produtivo, ou seja, nem todo esse gasto leva à acumulação de capital. Isso depende da proporção, dentro do gasto público, das despesas que se destinam propriamente ao capital: seja a que corresponde aos investimentos estatais ou às transferências de mais-valia para o capital privado para alimentar o investimento privado. Nesse último caso, estão aqueles gastos que o Estado realiza para tornar mais rentável o investimento privado (infraestrutura etc.), as subvenções diretas ou indiretas ao capital privado. As subvenções indiretas podem tomar várias formas, por exemplo as isenções de impostos ou a manipulação de preços. Assim, se o Estado produz petróleo, matéria-prima fundamental na indústria, e o vende para os capitalistas privados a preços baixos, de fato está transferindo a estes parte da mais-valia que continha. Em síntese, o investimento público depende da proporção, no gasto público, das despesas destinadas ao investimento produtivo e daquelas que se destinam aos investimentos chamados improdutivos. Deve-se ter presente que as últimas podem ocultar transferências com objetivo produtivo (o exemplo do petróleo o ilustra, sempre que esse petróleo for utilizado como insumo industrial) ou gastos que se chamam improdutivos e que o são do ponto de vista estrito da valorização do capital, mas que a rigor correspondem a gastos produtivos; ali se incluem os gastos sociais, tais como educação e saúde, que contribuem para a reprodução e qualificação da força de trabalho, imprescindíveis para a valorização. Os gastos realmente improdutivos (embora cumpram uma função importante na manutenção do sistema em que se opera a valorização) são aqueles que o Estado realiza com sua própria burocracia, tanto civil como policial e militar.

Como se pode ver, a importância do papel do Estado no ciclo do capital propriamente dito (e não em termos mais gerais da criação de condições para a valorização, caso em que esse papel é ainda mais amplo) é considerável, dada a capacidade que possui de transferir para si parte da mais-valia gerada pelo capital privado, a de produzir ele próprio mais-valia e, finalmente, a de captar parte do capital variável dos salários pagos à força de trabalho. Isso explica, de certo modo, o peso que o investimento público tem na economia dependente. No caso do Brasil, por exemplo, o Estado participa na formação do capital fixo, ou seja, instalações e maquinaria, com 60% do total anual, ficando somente 40% para o capital privado[1].

---

[1] Dados referentes ao ano de 1969, ver Ruy Mauro Marini, "Estado y crisis en Brasil", *Cuadernos Políticos*, Cidade do México, n. 13, 1977. Disponível em: <www.marini-escritos.unam.mx/017_estado_crisis_es.htm>. Acesso em 6 jul. 2012.

O terceiro aspecto a considerar, quando analisamos a origem do capital dinheiro que desencadeia o ciclo do capital em um país dependente, é o capital estrangeiro. Este pode se apresentar basicamente sob duas formas: como investimento direto, quando de maneira exclusiva ou compartilhada (ou seja, associada) o capitalista estrangeiro investe diretamente na economia dependente, detendo a propriedade total ou parcial do capital produtivo a que o investimento deu lugar e apropriando-se diretamente da mais-valia total ou parcial ali gerada; e como investimento indireto, quando o capital estrangeiro se coloca à disposição dos capitalistas internos (nacionais e estrangeiros), sob a forma de empréstimos e financiamentos, contratados diretamente com os capitalistas receptores ou com o Estado, que os redistribui a estes ou os integra a seu próprio investimento.

Na América Latina, durante o longo período do pós-guerra até a década de 1960, a forma predominante de investimento estrangeiro foi o investimento direto. Entretanto, desde finais dessa década e no decurso dos anos 1970, embora o investimento direto tenha seguido crescendo, sua proporção no investimento estrangeiro total apresentou a tendência de redução (em termos relativos). Atualmente, em especial nos países de maior desenvolvimento relativo como México ou Brasil, a forma predominante do capital financeiro tende a ser a do investimento indireto. Nesse caso, muda o tipo de remuneração que se obtém: à diferença do lucro ou dividendo [*benefício*] industrial, o capital estrangeiro, além das taxas de amortização, cobra taxas de juros que são deduzidas da mais-valia gerada pelo investimento produtivo para o qual ele contribuiu, sem haver assumido, contudo, os riscos da produção e realização dessa mais-valia.

Tal como colocamos o problema, é evidente que consideramos o capital estrangeiro como um elemento a mais que intervém na formação da massa de capital dinheiro que dá lugar ao processo de acumulação. Isso pode levar à conclusão equivocada de que é certa a tese que sustenta que o capital estrangeiro cumpre um papel complementar ao investimento interno e contribui, portanto, para o desenvolvimento da economia dependente. Sendo evidente que o capital estrangeiro se integra *ao* e determina *o* ciclo do capital da economia dependente e, por conseguinte, seu processo de desenvolvimento capitalista, não se deve perder de vista que ele representa uma restituição de capital em relação ao que drenou anteriormente da economia dependente; restituição que é, além do mais, parcial. Assim, pode-se observar que, no período entre 1960 e 1967, a maior parte do investimento direto norte-americano não se dirigiu aos países dependentes, sendo 70% dele destinados para os países desenvolvidos, particularmente os da Europa Ocidental e o Canadá. Entretanto, nesse período em que receberam apenas 30% do investimento norte-americano, os países dependentes aportaram aos Estados Unidos 60% do total de rendimentos que o país recebeu do exterior na modalidade de lucros, juros e *royalties*.

Deve-se considerar, além disso, como já assinalamos, que o capital estrangeiro não se move apenas em um sentido, o da entrada na economia dependente, mas também no sentido inverso, o de saída em relação àquela. A partir do momento em que, cumprido o ciclo de produção, o capital estrangeiro contribuiu para a produção de mais-valia, ele tem direito a uma parte dela sob a forma de lucro ou juros, conforme se trate de investimento direto ou indireto. Isso dá lugar a transferências de mais-valia ao exterior. E mais: nos casos em que essa transferência não opera e em que a mais-valia ou parte dela é reinvestida no próprio país em que foi gerada, o capital produtivo dali resultante é contabilizado como capital estrangeiro, embora tenha sido gerado com base na mais-valia criada no próprio país. É por isso que no Brasil de Goulart a discussão sobre as nacionalizações trouxeram ao primeiro plano o problema do que deveria ser considerado como capital estrangeiro: se somente o investimento inicial, procedente do exterior, ou se também os reinvestimentos a que ela deu lugar. É óbvio que, a rigor, apenas a primeira se justifica, e, sendo o capital adicional gerado pelo investimento inicial, por si mesmo capital nacional, não pode dar lugar a nenhum tipo de indenização.

Concluindo, com relação à análise da formação do capital dinheiro e de sua incidência na fase de circulação C^1 do ciclo do capital na economia dependente, o que cabe assinalar é a importância que o Estado e o capital estrangeiro têm ali. Por conseguinte, já desde agora, e independentemente dos problemas de realização que consideraremos depois, podemos afirmar que o ciclo econômico da economia dependente, as distintas fases de expansão e recessão que esta atravessa, encontra-se diretamente articulado com o exterior e é suscetível em ampla medida a ser influenciado pelo Estado. Insistimos: nesta primeira aproximação do que é a economia dependente, observamos, do ponto de vista do capital, que em sua primeira fase de circulação – da qual o processo de acumulação depende – atua um fator externo à economia dependente e que se encontra totalmente fora de seu controle: o capital estrangeiro. E que, no entanto, o fato de que se incorpore a essa fase da circulação o *internaliza*, por assim dizer, o constitui em fator direto do ciclo do capital nessa economia.

Prossigamos com nossa análise da fase de circulação C^1, considerando agora o que acontece com o ato de compra, mediante o qual se dá o processo de acumulação. Havíamos visto que o capital dinheiro assume, pelo intercâmbio, a forma de meios de produção e força de trabalho, para dar lugar ao processo de produção. Com relação à força de trabalho, de maneira geral e deixando de lado os casos específicos da mão de obra altamente qualificada, sabemos que se constitui dos trabalhadores nacionais, da classe operária nacional. Não ocorre o mesmo com os meios de produção que incluem matérias-primas, equipamentos e maquinaria, além de instalações e terra. Parte desses meios de produção tem uma origem interna: a terra, os materiais de construção, a maior parte das matérias-primas, parte dos equipamentos. A outra parte vem do exterior.

Detenhamo-nos um momento em um aspecto do problema: dada magnitude de capital estrangeiro entra no processo de circulação da economia dependente a fim de promover um processo de produção. Para isso, contrata força de trabalho e compra maquinaria, terreno, matérias-primas. Entretanto, parte desse capital que entrou para ser investido sai imediatamente ao ser intercambiado por meios de produção adquiridos no exterior, particularmente máquinas e equipamentos; isso pode inclusive fazer com que a operação de entrada e saída se desvele e – o que aconteceu particularmente na década de 1950, mas segue tendo vigência – sejam considerados investimento estrangeiro as máquinas e os equipamentos colocados no país dependente diretamente, sem a intermediação da fase que corresponde à circulação do capital dinheiro.

A aquisição de meios de produção no mercado mundial não é por si só uma característica da economia dependente. Nenhum país capitalista, nenhuma economia em geral vive hoje isolada. O que caracteriza a economia dependente é a forma aguda que essa característica adquire e o fato de que ela responde à própria estrutura de seu processo histórico de acumulação de capital. Com efeito, nos países capitalistas avançados, a tendência geral do processo de industrialização foi a de produzir primeiro bens de consumo para desenvolver depois a produção de bens de capital. Na Inglaterra, onde isso é particularmente notório, não são os bens de capital, mas sim os bens de consumo – como os produtos têxteis – que impulsionam o desenvolvimento da indústria. Entretanto, a expansão da indústria produtora de bens de consumo obriga o desenvolvimento da produção de bens de capital para ela, dando lugar a uma industrialização que podemos chamar de orgânica.

A situação nos países dependentes é distinta. Tratando-se de uma industrialização tardia, que se realiza já no século XX sobre a base de um amplo desenvolvimento da indústria nos países centrais ou avançados, os países dependentes prolongaram a fase que corresponde à produção de bens de consumo além do que foi normal na industrialização orgânica dos países centrais. Puderam fazê-lo pelo fato de contar com uma oferta externa de meios de produção, em particular equipamento e maquinaria, que lhes permitiu não só avançar sem base própria na produção de bens de consumo habitual, ordinário, como também desdobrá-la em produção de bens de consumo suntuário (em que os produtos têm muitas vezes o caráter de bens mistos, como os da indústria automotiva), sem contar com um setor dinâmico de bens de capital. Na verdade, a indústria manufatureira dos países dependentes se apoia em boa parte no setor de bens de capital dos países capitalistas avançados, por meio do mercado mundial. Por consequência, essa indústria manufatureira é dependente não só em termos materiais, no que se refere aos equipamentos e maquinaria enquanto meios materiais de produção, mas tecnologicamente, ou seja, na medida em que deve importar também o conhecimento para operar esses meios de produção e, eventualmente, fabricá-los. Isso incide, por sua vez, na relação financeira com o exterior, dando lugar aos pagamentos na modalidade de *royalties* ou assistência técnica, que constituem outros tantos fatores de transferência de mais-valia, de descapitalização.

Do ponto de vista que nos interessa, ou seja, o da determinação dos aspectos característicos do ciclo do capital na economia dependente, o que importa destacar é que, assim como tal ciclo depende do fluxo circulatório externo de capital dinheiro, depende também, para completar a primeira fase da circulação, de meios de produção proporcionados pelo exterior. Na fase de circulação C^1, portanto, o ciclo do capital dessa economia encontra-se duplamente articulado e é duplamente dependente com relação ao exterior. Essa circulação encontra-se parcialmente centrada no exterior, tanto no que se refere ao capital dinheiro como no que diz respeito ao capital mercadoria.

Fase de acumulação e produção

Passemos agora à segunda fase do ciclo, a da produção. Aqui se apaga a origem do capital; já não importa quem são seus proprietários, de onde vieram o dinheiro ou os meios de produção. Encontramo-nos simplesmente com elementos materiais, constituídos pelas matérias-primas, os equipamentos e maquinários, as instalações sobre as quais a força de trabalho exerce sua capacidade de criação de novos valores de uso e de novos valores. Estamos, pois, diante de um processo de valorização que deve proporcionar uma mais-valia.

Entretanto, a fase de produção não é independente em relação à primeira fase da circulação; a maneira como esta se realiza condiciona o processo de produção, imprimindo-lhe características próprias. Observemos que, dado o desnível tecnológico existente entre os países avançados e os dependentes, os meios de produção que provêm daqueles implicam a utilização de uma tecnologia mais sofisticada do que a que existe no país dependente ou, inclusive, uma tecnologia que não existe neste. Por sua conexão com o exterior ou mediante a vinculação mais estreita que se dá na fase de circulação entre o capital estrangeiro sob a forma dinheiro e sob a forma mercadorias, a tendência é que sejam as empresas estrangeiras que operam na economia dependente ou as que correspondem a associações de capital interno e estrangeiro aquelas que tenham acesso mais direto à tecnologia implícita nesses meios de produção.

Analisemos o efeito da introdução de tecnologia nova no país dependente, considerando dois capitais individuais: *A*, correspondente a um capitalista estrangeiro que opera, suponhamos, no ramo de produção de sapatos; e *B*, representativo de um capital interno que atua nesse mesmo ramo. A pode trazer equipamentos e métodos de produção mais sofisticados que lhe permitam baixar seu custo de produção em relação a B, que produz em condições tecnológicas médias. Entretanto, apesar de produzir com custos menores, A venderá sua mercadoria pelo preço estabelecido ao nível de produção do capitalista B, ou seja, do que opera em condições normais de produção. Por consequência, embora A venda ao mesmo preço de mercado, seu lucro será maior que o de B devido à diferença do custo de produção.

Agora, vista em conjunto, a massa de lucro produzida em uma economia corresponde ao conjunto dos capitalistas que ali operam e é apropriada por eles de acordo com a magnitude do capital investido por cada um, com a composição orgânica de seu capital e o número de rotações deste em dado período através do mecanismo da competição. O lucro maior de A é, por conseguinte, um fenômeno normal, correspondente à transferência do valor no interior do ramo de sapatos. O problema não reside ali, mas sim no fato de que o lucro diferencial ou extraordinário de A dificilmente pode ser anulado por um esforço de B para, elevando sua composição orgânica, seu nível tecnológico e a produtividade do trabalho que emprega, igualar o custo de produção que A tem. Isso porque a diferença dos custos de produção, na verdade, não resulta de um desenvolvimento técnico interno, mas da introdução de uma nova tecnologia vinda do exterior que faz com que A detenha em relação a B a posição de um monopólio tecnológico. Se este não se anular de imediato, será possível ver que, ao cabo de dois, três ou mais períodos de produção, A poderá beneficiar-se sistematicamente de uma mais-valia extraordinária, que concentrou em suas mãos uma parte crescente da mais-valia produzida no ramo. Com isso, no caso de que B iguale seu nível tecnológico (suponhamos, por uma queda do preço internacional do equipamento que A utiliza), a superioridade em termos de magnitude do capital que A detém lhe dá condições para responder de imediato, introduzindo outro avanço tecnológico que, baixando novamente seu custo de produção, restabelece seu lucro extraordinário.

Isso significa que, a partir das condições geradas na primeira fase da circulação, a concentração do capital se acentua, por circunstâncias próprias à esfera da produção em si. As empresas que operam em condições privilegiadas e obtêm sistematicamente uma mais-valia extraordinária concentram porções cada vez maiores da mais-valia produzida e, por conseguinte, do capital que é investido na economia dependente, por meio do que adquirem uma posição de dominância indiscutível. A situação só se agravaria se elas operassem de maneira diferente: ou seja, se, em lugar de estabelecer preços de mercado de acordo com o nível médio dos custos de produção, tratassem de fixá-lo de acordo com o nível de seu próprio custo de produção, que é menor. Nesse caso, as empresas que operam com nível médio passariam a sofrer perdas, podendo chegar à situação de ter de vender a preços inferiores a seus custos. O resultado inevitável seria a quebra dessas empresas e, à diferença da concentração de capitais que opera mediante o mecanismo do lucro extraordinário, o que teríamos seria uma centralização brutal do capital mediante a absorção dos capitais menores pelos maiores, devido à incapacidade dos primeiros para fazer frente à concorrência. Seja como for, o que temos são processos que conduzem à monopolização precoce que se observa nas economias dependentes.

Dissemos já, e a evidência empírica o comprova, que em uma situação normal prevalece a primeira relação, mediante a qual o capital se concentra por meio do mecanismo do lucro extraordinário. Avancemos um passo além na análise, perguntando-nos como reagem as empresas médias e pequenas que operam em condições médias de produção ou abaixo delas e que devem, por isso, transferir parte de sua mais-valia às empresas monopolistas. Essa reação consiste em, diante da sangria crescente de sua mais-valia, e dada a impossibilidade de detê-la mediante o aumento da produtividade do trabalho, tais empresas médias e pequenas tratarem de recompor sua taxa de lucro através da elevação da taxa de mais-valia, obtida à custa de – sem variação significativa na produtividade – extrair mais trabalho não remunerado de seus operários. Isso só é possível se (descartada sempre a elevação da produtividade) aumenta-se a intensidade do trabalho, prolonga-se a jornada laboral e/ou simplesmente se rebaixa forçosamente o salário do trabalhador, sem que essa redução salarial corresponda a um barateamento real da força de trabalho. Em todos esses casos, a força de trabalho é remunerada abaixo de seu valor e, por conseguinte, dá-se uma superexploração dos trabalhadores.

Sendo um recurso que os capitais com menor poder de competição acionam, a superexploração acaba, ao final, favorecendo os capitais monopolistas, posto que ali também se emprega força de trabalho cujo nível de remuneração obedece, em linhas gerais, ao nível médio fixado nas empresas que trabalham em condições médias. Portanto, reduz-se também em termos relativos a massa de salários pagos pelas empresas monopolistas, abatendo-se seu custo de produção. E, mais, como a superexploração implica que se reduzam os custos de produção, todas as matérias-primas e os demais insumos industriais veem seus preços de mercado deprimidos, o que beneficia também as grandes empresas. Estabelece-se assim um círculo vicioso no qual a estrutura de preços tende sempre a ser deprimida, pelo fato de que se deprime artificialmente o preço do trabalho, o salário. Isso terá consequências, como veremos, para as condições em que se realiza a segunda fase da circulação.

A esses dois elementos extremos que encontramos ao analisar o processo de produção, lucros extraordinários e salários inferiores ao valor da força de trabalho, podemos acrescentar duas características a mais que conformam a fase de produção no ciclo do capital da economia dependente. A primeira se refere diretamente à superexploração: com efeito, para que esta possa operar é indispensável que a classe operária se encontre em condições difíceis para reivindicar remunerações que compensem o desgaste de sua força de trabalho. Essas condições difíceis podem resultar, e resultam frequentemente, de fatores extraeconômicos, derivados da ação estatal, de que não trataremos aqui (convém assinalar ainda que a ação desses fatores extraeconômicos só pode dar-se se existem condições econômicas que a propiciem). Vamos nos preocupar tão somente com o mecanismo fundamental mediante o qual o capital debilita a capacidade dos operários para levar adiante suas reivindicações: a criação de um exército industrial de reserva, essa massa de operários sobrantes não incorporados à produção (de maneira permanente ou temporária), que pressionam constantemente o mercado de trabalho e ameaçam a situação do setor empregado da classe operária.

Na economia dependente, esse exército industrial de reserva tende a crescer a partir do momento em que se introduzem (principalmente através do capital estrangeiro, como já vimos) novas técnicas de produção, projetadas para economias nas quais a mão de obra é relativamente escassa e que obedecem, de resto, à busca natural de uma maior produtividade e, por conseguinte, de mais produção por homem/hora. Vimos também que a essa introdução de tecnologia corresponde a agilização de formas de superexploração que implicam também arrancar mais produção dos operários já em funções. Reduz-se, em consequência, a capacidade do capital para empregar mais mão de obra, fazendo com que o exército industrial de reserva ativo cresça a um ritmo lento, o que resulta, como contrapartida, em expansão rápida do exército de reserva. Este pode existir sob a forma aberta, do desemprego, ou disfarçada, de subemprego; mas, em qualquer caso, é um exército de reserva que faz minguar a capacidade reivindicativa da classe operária e propicia a superexploração dos trabalhadores.

A última característica que queremos assinalar a respeito da fase da produção na economia dependente é que sua subordinação ao exterior, que observávamos ao analisar a circulação em sua primeira fase, leva a que os setores produtivos e as técnicas que empregam sejam impostos muitas vezes de fora, embora em função de sua dinâmica interna. Tomemos um exemplo: se em determinado país as barreiras aduaneiras à entrada de automóveis são muito altas, isso encarece o preço deles e impede que se expanda seu consumo. O capital estrangeiro contorna esse obstáculo passando a produzir no interior da economia em questão e beneficiando-se, inclusive, das cotas protecionistas impostas aos carros, realizando um sobrepreço e um lucro extraordinário. Com isso desenvolve um novo setor produtivo na economia dependente, introduzindo simultaneamente a tecnologia que lhe corresponde: ambas as inovações não surgiram organicamente do desdobramento do aparato produtivo existente, e sim se impuseram de maneira súbita à economia dependente; é certo que isso supõe que esta ofereça condições para a produção e realização desses produtos, mas não é menos certo que nos encontramos diante de uma decisão de investimento que lhe é totalmente alheia, se consideramos a lógica de seu desenvolvimento interno.

Tomar a indústria automotiva como exemplo não é acidental. Pelo próprio fato de que o nível de desenvolvimento capitalista é muito mais elevado nos países centrais, estes exportarão para a economia dependente a produção de artigos que são correntes nelas, mas que nesta são suntuários; ou seja, não respondem às necessidades das massas consumidoras e menos ainda às das trabalhadoras. Em consequência, a estrutura de produção se separa progressivamente da capacidade real das necessidades reais de consumo das massas trabalhadoras. Já teremos a ocasião de ver como isso repercute na segunda fase da circulação.

Segunda fase da circulação (realização)

Ao considerar essa fase, C^2, devemos partir também da constatação de que, assim como no processo de produção, nela se apaga a origem das mercadorias que fluem para o mercado em busca de sua troca por dinheiro, de sua realização. Essas mercadorias foram produzidas no seio da economia dependente; independentemente de terem sido fabricadas por capital interno ou estrangeiro, todas levaram a marca *made in* ou *fabricado em*. A origem do capital somente reaparecerá ao terminar essa fase, quando, reconvertido em dinheiro, for apropriado pela empresa *A* ou pela empresa *B*.

Enquanto circula sob a forma de mercadoria, o capital apresenta três categorias fundamentais. A primeira constitui-se dos bens de consumo necessário, que podemos chamar também de bens-salário, embora sejam consumidos por operários e burgueses; existe internamente uma diferença entre o que as distintas classes sociais consomem, mas isso não modifica sua definição conceitual. São bens de consumo necessário aqueles que entram na composição do consumo dos trabalhadores e determinam, portanto, o valor de sua força de trabalho. Não importa que sejam *realmente* necessários, basta que sejam consumidos ordinariamente pelos trabalhadores para que se definam como tal. Desse ponto de vista, não há diferença entre o feijão, os sapatos e os rádios transistorizados sempre e quando os trabalhadores consumam feijão, sapatos e rádios transistorizados. Em segundo lugar, estão os bens de consumo suntuário. Esses podem ser, na verdade, bens de consumo necessário (por exemplo, sapatos feitos à mão em condições em que a massa operária consome sapatos fabricados mecanicamente, por seu menor preço), mas não chegam a constituir um *item* significativo do ponto de vista da análise. Podem ser bens claramente suntuários, no sentido de que não estão incluídos no consumo ordinário dos trabalhadores – os automóveis, por exemplo. A terceira categoria de mercadorias constitui-se dos bens de capital, ou seja, as matérias-primas, os bens intermediários e as máquinas que servem para a produção tanto de bens de consumo como de bens de capital. Estes se intercambiam entre os capitalistas sem passar pelo mercado de bens finais para o consumo individual. Em última instância, toda a produção industrial está referida a este, posto que representa a destinação última da produção, embora boa parte dela, e inclusive uma parte majoritária, seja consumida no curso do próprio processo de produção e não compareça nunca no mercado de bens de consumo. Esse caráter relativizado da produção de bens de capital – independentemente de representar a maior parte da produção e ser a base para a produção de bens de consumo – acentua-se na economia dependente, pelo fato que já assinalamos anteriormente: o de que esta prolonga sua produção de bens de consumo em função da oferta externa de bens de capital à qual pode recorrer. Por isso, a importância dos bens de consumo na segunda etapa da circulação é maior em uma economia dependente do que em uma economia central, avançada. Trata-se de uma tendência contraditória, já que, como vimos, no nível da produção, a tendência é inversa, devido à separação da estrutura produtiva em relação às necessidades de consumo. Aqui, como em todos os demais aspectos, a economia dependente revela uma vez mais sua essência interna, que corresponde à agudização até o limite das contradições inerentes ao modo de produção capitalista.

Essa relação mais estreita que encontramos entre as mercadorias produzidas, que circulam na fase C^2, e o consumo individual enfrenta obstáculos que vêm de fases anteriores e que já indicamos ao analisar o processo de produção. Assim, a superexploração do trabalho, que implica, como vimos, que não se remunere a força de trabalho pelo seu valor, acarreta a redução da capacidade de consumo dos trabalhadores e restringe a possibilidade de realização desses bens. A superexploração se reflete em uma escala salarial cujo nível médio encontra-se abaixo do valor da força de trabalho, o que implica ainda que aquelas camadas de operários que conseguem sua remuneração acima do valor médio da força de trabalho (os operários qualificados, os técnicos etc.) vejam seu salário constantemente pressionado em sentido descendente, arrastado para baixo, pelo papel regulador que o salário médio cumpre com relação à escala de salários em seu conjunto.

Vejamos o que ocorre no outro polo, relativo aos lucros. Já sabemos que parte deles não é acumulada nem gasta como rendimento na economia dependente, uma vez que flui em direção ao exterior através dos distintos mecanismos de transferência de mais-valia que indicamos. Por consequência, essa parte não conta para a realização das mercadorias e restringe o âmbito em que a segunda fase da circulação opera, reduzindo o mercado interno. A mais-valia que fica no país se divide em duas partes: a que, após passar pela metamorfose em lucro, juros etc., orienta-se para a acumulação e a que, através também dessas formas e mais dos proventos (que, como vimos, derivam da mais-valia, e não do capital variável), aparece como rendimentos que dão lugar a gastos improdutivos, ou seja, a aquisição de bens para o consumo individual dos capitalistas e as classes ou setores de classes (entre os quais se incluem as chamadas classes médias) a eles vinculados, no que se refere a sua renda.

Como consequência, a estrutura do consumo individual responde à da distribuição da renda, que compreende a mais-valia não acumulada e o capital variável. Já vimos como a superexploração do trabalho corresponde à elevação da taxa de mais-valia; é normal, portanto, que a parte relativa à mais-valia não acumulada aumente em detrimento da que se refere ao capital variável. Nisso reside a razão da estrutura de distribuição da renda altamente concentrada que encontramos na economia dependente, na qual, no melhor dos casos, apenas 20% da população têm níveis de consumo aceitáveis ou mais que aceitáveis, enquanto 80% vivem em condições de baixo consumo.

Isso, que resulta da produção, reverte sobre ela influindo em seu desenvolvimento. Se o setor dinâmico do mercado está constituído pelos rendimentos que respondem à mais-valia não acumulada, lucros e proventos (*sueldos*), a estrutura de produção tende a se orientar para esse setor, deixando cada vez mais de lado a grande massa de consumidores que deve comparecer no mercado apoiada sobre a base de salários baixos. A segunda fase da circulação contribui para orientar a produção no sentido de que se separe ainda mais das necessidades de consumo das massas. É por essa razão que a maior parte dos ramos que produzem para o consumo popular, chamados de tradicionais na linguagem desenvolvimentista, tenha pouco dinamismo na contraposição às indústrias denominadas "dinâmicas", que crescem rapidamente e produzem bens de consumo suntuário ou bens de capital para a produção destes.

Essa limitação do mercado, além de influir sobre o aparato produtivo, tende a deslocar parte da circulação de mercadorias em direção ao mercado mundial através da exportação. Para isso concorre de modo determinante o fato de que a massa de mais-valia gerada não permanece integralmente no país, pois parte dela é transferida ao exterior, o que reduz o mercado.

Podemos então concluir que, assim como a circulação em sua primeira fase influi sobre a produção, também se faz sentir sobre esta em sua segunda fase, ao mesmo tempo que as duas fases da circulação dependem da forma com que se desenvolve o aparato de produção. Ou seja, o capital estrangeiro não pode induzir a produção de automóveis em uma economia que não desenvolveu certa infraestrutura e indústria básica de modo a sustentá-la. O fato pode dar-se, porém, se essas condições existem, já que, uma vez iniciada a produção de automóveis, isso não só modifica o conteúdo da segunda fase da circulação como implica que, ao criar ali um mercado que era até então inexistente, o desenvolvimento da produção automobilística seja estimulado e a tendência de os capitais que entram na primeira fase de circulação investirem nesse ramo seja acentuada. É, pois, o conjunto das fases consideradas que nos permite entender o ciclo do capital com as características particulares que assume na economia dependente.

Resumindo, poderíamos dizer que o ciclo do capital na economia dependente se caracteriza por um conjunto de particularidades. Entre elas, o papel que joga o capital estrangeiro na primeira fase da circulação, tanto sob a forma dinheiro como sob a de mercadoria, assim como o fato de que a produção determina transferências de mais-valia (que se farão visíveis na segunda fase da circulação), fixa a mais-valia extraordinária e se desenvolve sobre a base da superexploração do trabalho. Esses fatos levam à concentração do capital e à monopolização precoce, ao mesmo tempo que divorciam a estrutura de produção das necessidades de consumo das massas. A distorção na distribuição da renda que daí se origina dinamiza, na segunda fase da circulação, o setor do mercado capaz de sustentar o desenvolvimento dos ramos de produção suntuária, forçando o agravamento dessa distorção à medida que tais ramos aumentam sua produção e demandam mais mercado. Os limites com que se choca essa segunda fase da circulação, tanto pela transferência de mais-valia ao exterior como pela deformação da estrutura da renda interna, empurram-na em direção ao exterior, levando-a a buscar a realização de partes das mercadorias no mercado mundial, com o que se fecha o círculo da dependência do ciclo do capital com relação ao exterior.

2
PADRÃO DE REPRODUÇÃO DO CAPITAL: UMA PROPOSTA TEÓRICA*

Jaime Osorio

A análise econômica, assim como a que se realiza em outros campos das ciências sociais e das humanidades, padece de um processo infértil de fragmentação, justificado pela ideia da especialização. O pressuposto epistemológico que justifica tal especialização é a ideia segundo a qual, na medida em que se alcancem as partes últimas da realidade ("átomos" em sentido estrito, a parte sem partes), por consequência poderemos explicar a vida social. Com isso, não apenas se assume a realidade social como conformada por "coisas", mas também se desvanecem as relações sociais que a articulam e atravessam.

Os procedimentos de separar e dividir, inerentes ao processo de fragmentação, trazem consigo, ao mesmo tempo, a perda de compreensão da atividade unificadora presente na vida em sociedade, aquela que confere sentido aos múltiplos processos, os quais são apresentados assim de maneira dispersa, desconectados. Em nosso tempo, tal atividade unificadora não é outra senão a lógica do capital, a qual como um tornado derruba, absorve, faz girar e eleva pelos ares todas as relações que encontra em seu caminho, reorganizando-as e deixando nelas sua marca. De acordo com Marx, "em todas as formas de sociedade, é uma determinada produção e suas correspondentes relações que estabelecem a posição e a influência das demais produções e suas respectivas relações. É uma iluminação universal em que todas as demais cores estão imersas e que as modifica em sua particularidade"[1].

---

* Tradução de Carla Ferreira e Mathias Seibel Luce. (N. E.)
[1] Karl Marx, *Grundrisse* (São Paulo, Boitempo, 2011), p. 59.

Em meio à dispersão em voga, retornar à totalidade, de maneira a dar conta da atividade unificadora, parece um requisito epistemológico de primeira importância. É no seio daquela unidade que a especialização adquire um novo e frutífero sentido.

Na lógica anteriormente esboçada, propomo-nos neste trabalho a dar uma fundamentação teórica à noção de padrão de reprodução do capital, assim como a oferecer um caminho possível para sua análise. Assumimos que no seio da teoria marxista existe uma dimensão teórica não preenchida, que essa noção permite enfrentar.

O ESPAÇO TEÓRICO DA NOÇÃO DE PADRÃO DE REPRODUÇÃO DO CAPITAL

Para compreender o papel heurístico da noção de padrão de reprodução do capital é necessário inicialmente sublinhar que no marxismo existem diferentes níveis de análise, uns mais abstratos, outros mais concretos, com categorias próprias em cada nível, mas inter-relacionadas no *corpus* teórico que os constitui, os quais buscam dar conta de problemas de reflexão específicos. É com base nessa perspectiva que se fala de noções como modo de produção, modo de produção capitalista, sistema mundial, formação econômico-social e conjuntura.

O maior grau de abstração entre esses níveis de análise refere-se à sua capacidade de apreender relações sociais e processos que fundamentam a realidade social, para o que é necessário deixar de lado certos aspectos do movimento histórico a fim de compreender sua essência. Assim, a maior abstração é *fortemente histórica, na medida em que aponta a essência daquelas relações e processos*[2]. Em níveis de menor abstração, tais relações e processos vão se tornando mais complexos e passam a apresentar novas características históricas, porque sua essência se expressa sob novas e diversas formas e particularidades. O capital se apresenta como muitos capitais; o trabalho, como muitos trabalhadores; o valor se apresenta como preços; a mais-valia, como lucro. Quanto maior a concretude, mais variada se torna a realidade e, devido à fetichização dominante, com uma elevada capacidade de ocultar as relações sociais que a constituem.

Observando rapidamente os níveis de análise antes mencionados, pode-se assinalar que a noção de *modo de produção* destaca que as relações sociais estabelecidas pelos homens para resolver a produção e reprodução econômico-política da vida em comum, sob conhecimentos e desenvolvimentos técnicos determinados, são os elementos fundamentais a ser desvendados para explicar as características

---

[2] Nesse sentido de historicidade reside a diferença central entre a construção de "tipos ideais" à maneira weberiana e a abstração marxista.

históricas da vida em sociedade. É uma formulação geral, abstrata, pela economia de elementos que a definem, a qual se particulariza e diferencia sob diversas formas ou modos de produzir na ação histórica[3].

Em *O capital*, Marx estabelece a formulação mais ambiciosa sobre as particularidades do modo de produção *capitalista*. Ali desenvolve alguns dos elementos essenciais desse modo de produção, como a geração da mais-valia na relação capital-trabalho assalariado, assim como o desenfreado desenvolvimento produtivo em prol do lucro extraordinário e de não sucumbir na concorrência, com consequências que propiciam a lei tendencial da queda da taxa de lucro, processo que precipita as crises no capitalismo[4].

É a partir da aurora do desenvolvimento do capitalismo que a história se constitui em história universal e que os mais diversos rincões do planeta se integram, com graus de intensidade variados, em um sistema mundial, dando passagem ao *sistema mundial capitalista*. Nesse nível situam-se problemas como o mercado mundial, a divisão internacional do trabalho, o imperialismo[5], a dependência[6], o intercâmbio desigual e os movimentos cíclicos do capital, com suas ondas longas e suas fases de ascenso e descenso[7].

O capitalismo como sistema mundial se estrutura de maneira heterogênea, entre centros, semiperiferias e periferias ou – no atual estágio de maturidade da economia capitalista – entre economias imperialistas (como Estados Unidos e Alemanha), semiperiferias imperialistas (como Espanha), subimperialismos dependentes (como Brasil), economias dependentes (Peru e Chile) e periferias (países da África), sendo que nas três primeiras prevalece a apropriação do valor – apesar de que a partir das segundas também há cedência de valor – e nas duas últimas preva-

---

[3] Algumas notas de Marx sobre modos de produção anteriores ao capitalismo podem ser vistas em Karl Marx, *Grundrisse*, cit., p. 388-424. Esse trecho dos *Grundrisse* teve também um comentário de Eric Hobsbawm, em "Formações econômicas pré-capitalistas" (Rio de Janeiro, Paz e Terra, 1977).

[4] Karl Marx, *O capital* (São Paulo, Abril Cultural, 1984). Nas próximas citações deste capítulo, salvo indicação diferente, será essa a edição utilizada.

[5] Esse nível de análise adquiriu um desenvolvimento importante a partir das obras clássicas de Hilferding, Lenin, Rosa Luxemburgo e Bukharin, justamente sobre o imperialismo e o papel dos mercados "externos" na vida do capitalismo. O tema voltou a ganhar a atenção a partir do último quarto do século XX por meio da produção de Andre Gunder Frank, Immanuel Wallerstein, Samir Amin e Giovanni Arrighi, entre os nomes mais destacados.

[6] Nesse sentido, a teoria da dependência se complementa com a teoria do imperialismo.

[7] Mandel salienta que o ciclo industrial dura de sete a dez anos e que "Marx determinou a extensão do ciclo econômico pela duração do tempo necessário à reconstrução da totalidade do capital fixo". Mas "a história do capitalismo em nível internacional aparece, assim, não apenas como uma sucessão de movimentos cíclicos a cada sete ou dez anos, mas também como uma sucessão de períodos mais longos, de aproximadamente cinquenta anos […]", Ernest Mandel, *O capitalismo tardio* (São Paulo, Abril Cultural, 1982), p. 76 e 83, grifos meus.

lecem as transferências de valor para todas as anteriores, sob diferentes mecanismos, segundo os diversos momentos históricos. É com base nessas relações que os problemas do desenvolvimento e do subdesenvolvimento encontram sentido, e não mediante a consideração de economias isoladas como fazem diversas escolas econômicas e organismos internacionais reiteradamente e sob discursos que apenas mudam de forma.

As duas últimas unidades de análise, as mais concretas, formação econômico-social e conjuntura, são as que apresentam menor desenvolvimento teórico, ainda que a primeira conte com uma produção maior em um quadro ainda escasso[8]. A noção de formação econômico-social nos remete à constituição do capitalismo em unidades político-econômicas e territoriais limitadas. Essas unidades expressam uma contradição do capitalismo como processo histórico: uma vocação planetária que, no entanto, foi levada a cabo tendo de estabelecer-se em Estados nacionais, o que gera soluções (como taxas de lucro diferenciadas), mas também conflitos diversos (por fronteiras que ainda limitam sua ação).

A formação econômico-social deve considerar as relações econômico-políticas existentes nessas unidades e nos agrupamentos humanos que tais relações constituem, assim como os processos que o capital teve e tem de levar a cabo para estabelecer sua ordem, as soluções alcançadas e os conflitos abertos. Determinar o lugar dessas unidades no sistema mundial (economias imperialistas, periferias imperialistas, países dependentes, periferias etc.) constitui um passo inevitável para compreender as determinações nas quais operam e se desenvolvem.

A noção de conjuntura remete a unidades político-temporais em que se produzem modificações significativas na correlação de forças entre os agrupamentos humanos em conflito e os projetos que encabeçam, tanto no seio de formações econômico-sociais como no do capitalismo como sistema mundial. Enquanto unidade mais concreta, constitui a síntese de múltiplas determinações de processos variados e alimentados pelas unidades mais abstratas.

A noção de padrão de reprodução do capital surge para dar conta das *formas como o capital se reproduz* em *períodos históricos específicos e em espaços geoterritoriais determinados*, tanto no centro como na semiperiferia e na periferia, ou em regiões no interior de cada um deles, considerando as características de sua metamorfose na passagem pelas esferas da produção e da circulação (como dinheiro, meios de produção, força de trabalho, novas mercadorias, dinheiro incrementado), *integrando o processo de valorização* (incremento do valor e do dinheiro investido)

---

[8] Parte dessa produção pode ver vista em Cesare Luporini e Emilio Sereni, "El concepto de 'formación econômico-social'", *Cuadernos de Pasado y Presente*, Córdoba, n. 39, 1973. Com relação à noção de conjuntura, consultar Jaime Osorio, *Fundamentos del análisis social. La realidad social y su conocimiento* (Cidade do México, Fondo de Cultura Económica, 2001), cap. 4.

e sua encarnação em valores de uso específicos (calças, rádios, celulares, tanques de guerra), assim como as *contradições* que esses processos geram.

A categoria de padrão de reprodução do capital estabelece, assim, *mediações* entre os níveis mais gerais de análise (modo de produção capitalista e sistema mundial) e os níveis menos abstratos ou histórico-concretos (formação econômico-social e conjuntura). Dessa forma, se alimenta dos aportes conceituais e metodológicos presentes nos níveis mais abstratos, mas exige aportes conceituais e metodológicos que lhe são próprios[9].

A reprodução do capital assume formas diversas em diferentes momentos históricos, devendo se readequar às mudanças produzidas no sistema mundial e na divisão internacional do trabalho, reorganizando a produção sobre novos eixos de acumulação e/ou novos valores de uso. *Isso permite historicizar a reprodução do capital* e diferenciar os padrões que se estabelecem.

Historicizar a reprodução do capital implica compreender as condições que tornam possível o ascenso e o auge de um padrão, assim como seu declínio e crise, ao mesmo tempo que se consideram os momentos de transição, nos quais um antigo padrão não termina de desaparecer ou constituir-se em padrão subordinado e outro novo não termina de amadurecer ou converter-se em padrão dominante.

Rastros do capital

Em seu ciclo de valorização o capital sofre um processo de metamorfose, assumindo as formas de dinheiro (D e D') (capital-dinheiro), mercadorias (M) – força de trabalho (Ft) e meios de produção (Mp) –, capital produtivo (P) e mercadorias valorizadas (M') (capital-mercadoria). No caso do capital individual, se alguma proporção sua sofre cada uma dessas transformações de maneira simultânea, o fenômeno se generaliza se o capital social é considerado em seu conjunto. Enquanto determinados montantes do capital total se encontram sob a forma de capital-dinheiro, outros estarão na forma de capital produtivo e outros ainda na de capital-mercadoria.

Em *situações históricas específicas*, ainda que o capital assuma essas formas por ramos e/ou setores produtivos diferenciados, não se deve perder de vista que *são alguns setores e ramos que atraem os maiores e mais importantes investimentos à*

---

[9] Algumas referências a essa noção podem ser vistas em Nilson Araújo de Souza, *Crisis y lucha de clases en Brasil 1974-1979* (tese de doutorado, Cidade do México, Facultad de Economía – Unam, 1980); e em Ruy Mauro Marini, *Sobre el patrón de reproducción del capital en Chile* (Cidade do México, Cidamo, 1982). Em uma linha aproximada, ver José Valenzuela Feijóo, *¿Qué es un patrón de acumulación?* (Cidade do México, Unam, 1990).

medida que se constituem em eixos da acumulação e da reprodução do capital. Isso significa que, considerando o tempo histórico, o capital não privilegia sempre os mesmos setores ou ramos como motores de seu processo de valorização.

A passagem do capital pelas distintas formas em seu ciclo vai deixando marcas na produção e na circulação. Tais pegadas se convertem em trilhas quando são vários os capitais que se lançam ao investimento em determinados ramos e setores-eixo e que, com diferentes ritmos mas em tempos determinados, vão realizando o ciclo ou processo de metamorfose. *Perseguir essas pegadas e as trilhas que vão sendo criadas nos dá pistas de análise a fim de desvendar como o capital se reproduz em determinados momentos históricos.*

Definitivamente, o capital vai estabelecendo padrões de conduta em sua reprodução em períodos históricos determinados, seja porque privilegia certos ramos ou setores para investimento, seja porque utiliza tecnologias e meios de produção específicos, explora de maneiras diferentes ou reproduz – redefinindo – o que fez na matéria em outros momentos, produz determinados valores de uso e os destina para mercados – internos ou externos – adequados às suas necessidades, tudo o que, visto em seu conjunto, difere de como, em momentos distintos, realiza esses passos ou se reproduz.

A integração da valorização com as formas materiais que assume ao encarnar-se em determinados valores de uso constitui um dos problemas que a noção de padrão de reprodução do capital permite enfrentar, assuntos que, em geral, e violentando o sentido da análise de Marx, tendem a ser examinados de forma desintegrada.

Os esquemas de reprodução e os ciclos do capital

Na trajetória teórica de Marx, existem ao menos duas fontes nas quais se podem buscar elementos para construir a proposta teórica do padrão de reprodução do capital e um caminho para sua análise. Referimo-nos aos esquemas de reprodução e ao estudo dos ciclos do capital[10]. Detenhamo-nos nelas para ver sua pertinência na tarefa que nos propusemos.

Os esquemas de reprodução

Quando Marx analisa os esquemas de reprodução, abandona a visão do capital individual para adentrar na análise do capital social. Ali, assinala que

---

[10] Ambos tratados no volume II de *O capital*, cit.

o produto global e, portanto, a produção global da sociedade decompõem-se em dois grandes departamentos:

I. Meios de produção – mercadorias que possuem uma forma em que têm de entrar ou pelo menos podem entrar no consumo produtivo.

II. Meios de consumo – mercadorias que possuem uma forma em que entram no consumo individual da classe capitalista e da classe trabalhadora.[11]

Esse último setor, por sua vez, é dividido em um subsetor de "meios de consumo que entram no consumo da classe trabalhadora", ao que Marx denomina "meios de consumo *necessários*", e outro de "meios de consumo de *luxo*, que apenas entram no consumo da classe capitalista"[12].

Os esquemas de reprodução estão construídos sobre uma série de pressupostos:

- uma economia capitalista pura;
- a existência de apenas duas classes sociais: capitalistas e proletários;
- uma escala de reprodução com a mesma duração e intensidade de trabalho;
- a invariabilidade da composição orgânica do capital, do grau de exploração, da relação básica de distribuição;
- a exclusão do comércio exterior.

Tais pressupostos permitem a Marx estabelecer as condições de funcionamento equilibrado da produção capitalista. Isto é, na reprodução capitalista, e respeitando a lei do valor, quais valores de uso são necessários para manter o equilíbrio. Sublinha Rosdolsky:

> Para reproduzir seu capital a "sociedade", ou seja, o "capitalista total", deve dispor não só de um fundo de valores, mas também dispor desses valores em uma forma de uso determinada – na forma de máquinas, matérias-primas e meios de subsistência – e nas proporções exigidas pelas técnicas de produção.[13]

A contradição presente na produção capitalista de produzir valor sob a forma de valores de uso encontra nos esquemas toda sua complexidade e uma forma de solução recorrendo "a um modelo muito abstrato e muito simples", no qual cada um dos setores ou departamentos (I e II) deve velar para "conseguir repor o valor de seus elementos de produção; mas só pode fazê-lo se toma uma parte desses elementos do outro departamento, em uma forma material apropriada"[14].

---

[11] Ibidem, p. 293.
[12] Ibidem, p. 298-9.
[13] Roman Rodolsky, *Gênese e estrutura de* O capital *de Marx* (Rio de Janeiro, Contraponto, 2001), p. 379.
[14] Ibidem, p. 379-80. Bukharin salienta que na reprodução simples a proporção entre os setores I e II, para o equilíbrio, deve ser I (v + p) = IIc; e, para a reprodução ampliada, I (v + α + βv) = II

Diante do problema indicado na pergunta de Marx sobre "como se repõe, sob a base do produto anual, o valor do capital absorvido pela produção e como se entrelaça o movimento dessa reposição com um consumo da mais-valia pelos capitalistas e do salário pelos proletários?"[15], Marini responde que "sua solução passa pela consideração do valor sob sua forma natural de meios de produção e meios de consumo [...], quer dizer, pela consideração do valor em íntima conexão com o valor de uso"[16].

"Para buscar estabelecer as proporções em que se intercambiam as mercadorias, tomadas como unidade de valor e valor de uso, Marx devia desconsiderar necessariamente as mudanças na produtividade ou na magnitude intensiva do trabalho, assim como, em geral, no grau de exploração". Daí "o papel específico – e por isso mesmo limitado – que cumprem os esquemas na construção teórica de Marx, cujo fio condutor é precisamente a transformação da capacidade produtiva do trabalho"[17].

Essas razões nos levam a buscar em outros caminhos da produção teórica de Marx os elementos que nos permitam conformar a estrutura conceitual e metodológica para a análise da noção de padrão de reprodução do capital, o que não implica abandonar alguns dos principais problemas colocados nos esquemas, como o vínculo valor-valor de uso e as relações entre setor I e setor II, ainda que não mais em condições de equilíbrio.

Os ciclos do capital

Para realizar seu ciclo, o capital deve passar pelas esferas da produção e da circulação, assumindo as formas de capital-dinheiro, capital produtivo e capital-mercadoria. Cada uma dessas formas do capital apresenta seu próprio ciclo. No entanto, é a unidade desses ciclos e a passagem do capital social de maneira simultânea por cada um deles que caracteriza a produção capitalista. Segundo Marx:

> O verdadeiro ciclo do capital industrial é, em sua continuidade, não só unidade do processo de circulação e de produção, mas unidade de todos os seus três ciclos. Tal unidade ele só pode ser, no entanto, à medida que cada parte distinta do capital pode percorrer, sucessivamente, as fases consecutivas do ciclo, podendo passar de uma fase,

---

(c + βc), onde α expressa a mais-valia consumida improdutivamente e β a parte acumulada. Ver Rosa Luxemburgo e Nikolai Bukharin, "El imperialismo y la acumulación de capital", *Cuadernos de Pasado y Presente*, Córdoba, n. 51, 1975, p. 102 e seguintes.

[15] Karl Marx, *O capital*, cit., v. II, p. 351.

[16] Ruy Mauro Marini, "Plusvalía extraordinaria y acumulación de capital", *Cuadernos Políticos*, Cidade do México, n. 20, abr.-jun. 1979, p. 23.

[17] Ibidem, p. 26.

de uma forma funcional, a outra, encontrando-se, portanto, o capital industrial, como totalidade dessas partes, ao mesmo tempo nas diversas fases e funções, descrevendo simultaneamente todos os três ciclos.[18]

A fórmula dos três ciclos integrados apresenta-se da seguinte maneira:

$$
\begin{array}{cc}
\text{I} & \text{II} \\
\text{Ft} & \text{Ft} \\
D - M \quad ....P....M' - D' - M & \quad ....P....M' - D'....... \\
Mp & Mp \\
& \text{III}
\end{array}
$$

Onde:
D = dinheiro
M = mercadoria
Ft = força de trabalho
Mp = meios de produção
P= produção
M' = mercadoria com novo valor
D' = dinheiro aumentado ou mais dinheiro

A chave I (D–D') representa o ciclo do capital-dinheiro.
A chave II (P....P) representa o ciclo do capital produtivo.
A chave III (M'–M') representa o ciclo do capital-mercadoria.

Enquanto o ciclo do capital-dinheiro destaca a essência do dinheiro que funciona como capital, a de valorizar-se, o ciclo do capital produtivo permite ver "não só produção, mas reprodução periódica de mais-valia", isto é, "não como função realizada uma única vez, mas como função periodicamente repetida"[19]. Por último, o ciclo do capital-mercadoria nos mostra a valorização, mas como parte de um processo em que o capital, para atingir esse objetivo, não pode desprender-se do valor de uso das mercadorias. M' deve vender-se, porque tem uma utilidade, para realizar em dinheiro (D') o mais-trabalho que contém.

A análise do padrão de reprodução deve considerar todos esses aspectos, mas historizando-os em uma dupla dimensão: primeiro, respondendo às razões que

---

[18] Karl Marx, O capital, cit., v. II, p. 77.
[19] Ibidem, p. 49.

tornam necessário que o capital se valorize assumindo determinadas encarnações em valores de uso específicos em momentos determinados, o que gera formas capitalistas diversas. Não dá no mesmo valorizar o capital produzindo salsichas e produzindo canhões, assinala Marx, para enfatizar que o valor de uso da valorização define as características do capitalismo que será gerado. Os processos produtivos de um ou outro valor de uso são diferentes, e diferentes são os consumidores e os mercados de tais produções, assim como as políticas estatais que daí se originam. Uma economia que sustenta sua valorização em produtos bélicos estimulará a geração de conflitos e de guerras para criar mercados para seus produtos.

A segunda dimensão da historicização diz respeito aos processos que exigem a emergência, o auge e o declínio de determinado padrão de reprodução do capital, assim como as condições para a emergência e o amadurecimento de um novo, com seu ciclo de auge e posterior declínio e crise. Em todos esses processos há razões econômicas que também são políticas. São projetos de classe de determinados setores do capital aqueles que se convertem em eixos de acumulação em cada caso, e são projetos de classe de outros setores do capital aqueles que ocupam lugares subordinados ou perdem. Tudo isso, por sua vez, tem consequências nas classes dominadas e em suas formas de existência. Existem projetos de reprodução do capital menos agressivos ao mundo do trabalho, ou em relação a alguns estratos específicos de tal mundo. Outros, no entanto, constituem projetos que agudizam a exploração e a exploração redobrada, gerando formas de capitalismo em que a barbárie tende a imperar acima da dimensão civilizatória que encarna.

Essa dupla historicização da reprodução do capital nos permite contar com melhores ferramentas para compreender a dinâmica dominante, econômica e política, em tempos específicos, e *o terreno em que se desenvolvem os conflitos classistas*.

A principal limitação dos ciclos do capital para a análise da reprodução do capital, ainda na integração de suas três fórmulas, tal como se apresentam no volume 2 d'*O capital*, é que não consideram o lucro e os processos que conduzem à queda da taxa de lucro e, em decorrência, às crises, assuntos que Marx abordará no volume 3 de sua obra. Mas são processos possíveis de integrar na análise dos ciclos. Não considerá-los nos deixaria desarmados para compreender e explicar a crise dos padrões de reprodução e a necessidade do capital de gestar novas modalidades de reprodução.

No estudo dos ciclos do capital também se apresenta uma limitação relacionada à *forma material* que o capital assume na produção e na valorização. Isso exige incorporar na análise do padrão de reprodução elementos como a procedência do dinheiro que se investe (estatal, privado nacional ou privado estrangeiro); o tipo de máquinas e ferramentas que se empregam; os mercados em que se adquire; o nível de preparação requerido da força de trabalho; as formas de organização da produção (linhas de montagem, círculos de qualidade, trabalho domiciliar etc.);

os valores de uso que se produzem; a quais mercados correspondem (bens-salário, bens suntuários ou bens de capital); as economias a que se dirigem os produtos; a mais-valia, o lucro e sua repartição (quanto regressa às matrizes como lucro, quanto é pago por tecnologias e patentes, quanto fica na economia local etc.); entre outros pontos relevantes.

O PADRÃO DE REPRODUÇÃO DA PERSPECTIVA DO CICLO DO CAPITAL--DINHEIRO

Estabelecidas as virtudes e limitações que os ciclos do capital apresentam para a análise do padrão de reprodução, e definidos os principais problemas e variáveis que é necessário incorporar, assumiremos para fins de exposição o ciclo do capital--dinheiro para a discriminação pormenorizada das pegadas que temos de seguir a fim de definir sua forma de reprodução e o sentido político e social ao qual responde. Afinal, a "forma geral do ciclo do capital industrial é o ciclo do capital monetário à medida que é pressuposto o modo de produção capitalista"[20].

Como já vimos, a fórmula do ciclo do capital-dinheiro estabelece:

$$D - M \begin{matrix} Ft \\ \\ Mp \end{matrix} \ldots\ldots P \ldots\ldots M' - D'$$

1ª fase   fase   2ª fase
circulação   produção   circulação

Nesse ciclo, temos a presença de duas fases que se desenvolvem uma na circulação e outra na produção, a qual cumpre a tarefa de intermediação das duas primeiras. *Cada fase requer tarefas específicas a serem resolvidas pelo capital.* Passaremos à análise de cada uma delas (e das metamorfoses que exigem) a fim de destacar os problemas relevantes que se apresentam para o entendimento da reprodução do capital[21].

---

[20] Ibidem, p. 47. [Na edição brasileira da Abril Cultural, utiliza-se o termo capital-monetário, em vez de capital-dinheiro, que é a opção empregada na edição da Civilização Brasileira, assim como na da Fondo de Cultura Económica. (N. T.)]

[21] No capítulo 1 deste livro, Marini realiza um exercício como o que começamos aqui, embora sem relacioná-lo à noção de padrão de reprodução do capital. Em um escrito posterior, "Sobre el patrón de reproducción del capital en Chile", *Cuadernos de Cidamo*, Cidade do México, n. 7, 1982, Marini salienta de maneira sucinta que "a noção de padrão de reprodução do capital" remete à

Primeira fase da circulação

a) D

Com D se colocam as interrogantes a respeito de quem investe, quanto investe e em que investe. Em relação a quem investe, apresentam-se as seguintes opções: capital privado, nacional ou estrangeiro, e capital público estatal[22]. As proporções entre esses atores do investimento variam de acordo com as exigências do capital. É sabido que, no início da industrialização e até bem avançados os anos 1970, o Estado desempenhou um papel-chave para dar andamento a grandes projetos de infraestrutura e serviços, além de indústrias básicas, como na produção de aço e outros bens, na América Latina. Isso se modificou a partir dos anos 1980, com o crescente peso do investimento privado e, no seu bojo, do investimento estrangeiro, no ritmo de novas políticas econômicas e do avanço de um novo padrão de reprodução do capital.

Nas perguntas sobre o montante dos investimentos e em que se realizam, podemos encontrar algumas chaves para determinar os ramos e setores que estão ocupando um lugar central na acumulação e na reprodução do capital. Quem cumpre essa função seguramente tende a concentrar uma massa significativa de investimentos em um período determinado, absorvidos por itens que propiciam os maiores lucros. O incremento dos investimentos favorece a concentração de capitais, assim como a tendência à monopolização e à consecução de lucros extraordinários por parte das empresas que produzem com custos abaixo da média social.

Isso se vincula, em geral, à disposição de porcentagens mais elevadas dos investimentos para a compra de novos equipamentos, maquinário e tecnologias, que adaptam o capital constante, em detrimento do capital destinado ao capital variável (força de trabalho), o que propicia a elevação da composição orgânica do capital, processo que cedo ou tarde será revertido em tendência à queda da taxa de lucro.

É importante prestar atenção aos ramos e segmentos da produção que em determinados momentos o capital privilegia com seus investimentos, porque nem todos possuem a mesma capacidade de arrastar outros ramos e setores – ou de converter-se em pequenas locomotivas que puxem a expansão destes. A indústria automotiva, por exemplo, tem a capacidade de demandar uma enorme quantidade de matérias-primas e uma multiplicidade de partes e componentes que intervêm na produção de automóveis. O estabelecimento dessas empresas favorece, assim, o

---

"relação entre as estruturas de acumulação, produção, circulação e distribuição de bens" (p. 14), sem se aprofundar em maiores formulações teóricas sobre o tema.

[22] Para simplificar, deixamos de fora a possibilidade de capitais "mistos".

desenvolvimento de uma grande variedade de outras indústrias, desde que operem com fabricação de automóveis, e não somente com fabricação de partes ou como montadoras de peças e partes fabricadas em outras latitudes[23].

Também é importante atentar para o valor de uso produzido pelas indústrias que concentram os investimentos e que tendem a converter-se em eixos da acumulação. Já mencionamos que não dá no mesmo fabricar salsichas ou armas, já que as duas produções requerem economias e mercados de natureza muito diferente. Em outras palavras, embora a produção tenda a dirigir-se a setores nos quais exista uma demanda (ou mercado), também pode criar mercados para os bens que produz, e nem todos os valores de uso atendem às mesmas necessidades sociais. Alguns (como tanques, aviões de guerra, bombas ou bens suntuários) marcam claramente a distância entre as necessidades do capital de valorizar-se e as necessidades sociais da maioria da população, que necessita de bens úteis de outra natureza.

O peso do capital financeiro especulativo e sua "volatilidade" deve ser um elemento a ser considerado nas atuais condições de reprodução do capital, porque introduz um elemento relativamente novo mas de enorme significação em tal processo, considerado tanto em termos "locais" como do sistema mundial.

b) D-Mp

Uma parte do dinheiro que precisa circular como capital industrial[24] deve destinar-se à compra de meios de produção: galpões ou edifícios industriais, máquinas e ferramentas, matérias-primas ou brutas, reposição de peças, lubrificantes, combustíveis, computadores, *softwares*, tecnologias, licenças etc.

A capacidade produtiva de uma empresa determina-se em grande medida pelo grau de avanço de seus meios de produção em relação à média social. Quanto mais superar essa média social, mais possibilidades terá de se apropriar de lucros extraordinários na hora da fixação dos preços de produção e divisão da taxa média de lucro na economia. A precoce monopolização que o setor secundário da economia latino-americana apresenta – apoiado por investimentos estrangeiros – pode ser explicada por essa lógica.

Isso coloca o capital diante de uma de suas grandes contradições: a necessidade de realizar avanços permanentes no campo da produtividade para apropriar-se de maiores lucros, com o ônus de gerar uma queda da taxa de lucro, ao elevar-se a

---

[23] Que foi o que tendeu a ocorrer na América Latina nas últimas décadas, onde é mínima a demanda das unidades fabris da indústria automobilística à indústria local.
[24] "[...] industrial, aqui, no sentido de que abarca todo ramo da produção conduzido de modo capitalista", Karl Marx, *O capital*, cit., v. II, p. 41.

composição orgânica do capital e diminuir o capital variável em relação ao capital total investido.

É importante determinar onde são adquiridos os equipamentos, o maquinário e as tecnologias tanto do setor I (meios de produção) como do setor II (meios de consumo), isto é, se na economia interna ou em mercados externos. O assunto é relevante porque tem consequências ao menos em duas direções: se são adquiridos no exterior, isso mostra, por um lado, o débil desenvolvimento interno do setor I e, por outro, que uma parte substantiva de D, apenas iniciado o processo, sairá imediatamente ao exterior como forma de pagamento para compra desses bens.

c) D-Ft

A compra de força de trabalho pelo capital é o processo mais importante em termos de valorização, já que essa mercadoria é a única que tem a capacidade de gerar um valor extra, superior ao que vale. Aqui reside a chave da produção de mais-valia.

Dimensões na análise do valor da força de trabalho

Na análise de Marx a respeito do valor da força de trabalho se encontram presentes duas dimensões: por um lado, o valor diário; por outro, o valor total. Esse último considera o tempo total de vida útil do trabalhador ou o total de dias em que o possuidor da força de trabalho vende sua mercadoria no mercado, em boas condições, *além* dos anos de vida em que já não participará da produção (anos de aposentadoria).

É o valor total da força de trabalho que determina seu valor diário. A isso se refere Marx quando demonstra que "o valor de um dia de força de trabalho está calculado [...] sobre sua duração normal média ou sobre a duração normal de vida de um operário e sobre o desgaste normal médio"[25].

O valor diário da força de trabalho deve ser calculado, então, considerando determinado tempo médio de vida dos trabalhadores, de acordo com as condições dominantes na época. Os avanços na medicina social, por exemplo, permitiram elevar a expectativa de vida, *o que torna possível* prolongar o tempo de vida produtiva e de vida total. Isso deve ser relacionado, no entanto, com a ambição do capital de fazer com que toda a vida dos trabalhadores seja tempo de trabalho. A luta de classes é que definirá, finalmente, *que porcentagem do prolongamento da vida total*

---

[25] Ibidem, v. I, p. 440. Marx reitera essa ideia quando indica: "o valor diário da força de trabalho, como será lembrado, é calculado sobre sua duração média, ou seja, sobre a duração normal da vida de um trabalhador", ibidem, v. I, tomo II, p. 118.

será convertida em prolongamento do tempo de trabalho. Tudo que foi dito anteriormente implica que, se na atualidade um indivíduo pode trabalhar por trinta anos sob condições normais e mais vinte anos na aposentadoria, o pagamento diário da força de trabalho deve permitir a ele reproduzir-se de tal forma que possa apresentar-se ao mercado de trabalho durante trinta anos e viver os vinte anos restantes aposentado em condições normais de existência, e não menos.

Um salário insuficiente ou um processo de trabalho com sobredesgaste (seja pelo prolongamento da jornada laboral, seja pela intensificação do trabalho), que encurtem o tempo de vida útil e de vida total, constituem casos *em que o capital está se apropriando hoje dos anos futuros de trabalho e de vida*[26]. Definitivamente, estamos diante de processos de exploração redobrada, na medida em que se viola o valor da força de trabalho[27].

É importante considerar que, com base nos elementos anteriores, a ideia de remunerar a força de trabalho por seu valor não pode ser reduzida a um assunto puramente salarial. O trabalhador deve encontrar o conjunto de condições indispensáveis para produzir e reproduzir sua força de trabalho, e dentro delas o salário é importante, mas não é o único elemento.

Podem produzir-se processos de trabalho que aumentem a jornada ou a intensifiquem a tal ponto que, apesar do pagamento de horas extras ou de incrementos salariais pelos incrementos das mercadorias produzidas, terminem reduzindo a vida útil e a vida total do trabalhador. Isso porque, embora seja possível ter acesso à quantidade necessária (e inclusive a uma quantidade maior) de bens que satisfaçam os meios de vida para assegurar a reprodução do trabalhador, este não pode dispor das horas e dias de descanso necessários para repor o desgaste físico e mental de longas e intensas jornadas. Quando isso ocorre, o salário extra só recompensa uma parte dos anos futuros de que o capital se apropria com jornadas extenuantes ou de trabalho redobrado.

---

[26] Sob a forma do discurso de um operário a um capitalista, Marx argumenta assim sobre essa situação: "Se o período médio que um trabalhador médio pode viver com um volume razoável de trabalho corresponde a 30 anos, o valor de minha força de trabalho que me pagas, um dia pelo outro [o valor diário da força de trabalho. J.O.], é 1/365x30 ou 1/10.950 de seu valor global. Se, porém, tu a consumes em dez anos, pagas-me diariamente 1/10.950 em vez de 1/3.650 de seu valor global, portanto apenas 1/3 de seu valor de um dia, e furtas-me assim diariamente 2/3 do valor de minha mercadoria. Pagas-me a força de trabalho de um dia quando utilizas a de três dias", ibidem, v. I, tomo I, p. 189.

[27] A formulação teórica desse tema encontra-se no ensaio de Ruy Mauro Marini, "Dialética da dependência", em João Pedro Stédile e Roberta Traspadini, *Ruy Mauro Marini: vida e obra* (São Paulo, Expressão Popular, 2005). No capítulo 3, "Dependencia y superexplotación", do livro *Crítica de la economía vulgar* (Cidade do México, M. A. Porrúa/UAZ, 2004), explicamos as razões pelas quais Marx não desenvolveu teoricamente o tema da superexploração, apesar de se referir ao processo de violação do valor da força de trabalho em muitas ocasiões.

Uma vez estabelecido o valor total da força de trabalho, considerando um tempo normal de vida útil de trabalho e de vida média total – cifra que se define pelas condições médico-sociais dominantes, pela história e pelos costumes arraigados nos povos, a que as condições morais não são alheias[28] – deve-se passar ao cálculo do valor diário da força de trabalho, aquele que possibilita a venda da força de trabalho em condições normais pelo montante de anos anteriormente considerados[29].

O valor diário da força de trabalho é determinado pelo valor dos meios de vida necessários para assegurar a subsistência e reprodução de seu possuidor. Encontram-se aqui as necessidades referentes a alimentação, vestuário, habitação, educação, saúde etc.

Com as dimensões espaço e tempo, novos elementos devem ser considerados. O lugar geográfico é importante em relação ao valor da força de trabalho, já que as particularidades climáticas definem necessidades específicas. Basta considerar as diferenças entre uma zona de clima frio e outra de clima tropical em relação ao tipo de alimentação, vestuário, habitação etc.

Também se devem considerar questões referentes à educação, à cultura e aos costumes em que tenham sido educados os trabalhadores, o que faz com que determinadas necessidades básicas sejam supridas de maneiras distintas em diversos países, regiões e culturas. Por exemplo, uma cultura baseada no milho soluciona suas necessidades básicas em matéria alimentar de maneira distinta de outras baseadas no trigo ou no arroz.

Mas a historicidade do problema não termina aqui. As necessidades básicas da população trabalhadora não são as mesmas hoje em dia do que eram no fim do século XIX ou no início do século XX, simplesmente porque elas variaram para o conjunto da sociedade. Poder contar com um rádio, um refrigerador, uma televisão ou um celular, por exemplo, é uma necessidade social tão substantiva em nosso tempo como poder contar com pão (ou *tortillas*), leite ou feijão.

A reprodução dos trabalhadores – que inclui as novas gerações, razão pela qual deve contemplar em seu valor a família operária – não pode ser calculada como a soma de um montante determinado de calorias, proteínas e vitaminas que se encontram em bens quaisquer, o que implicaria considerar a reprodução fisiológica como quem dá de comer a um animal de carga. Existem elementos históricos

---

[28] Diz Marx em relação ao prolongamento da jornada de trabalho: "Em seu impulso cego, desmedido, em sua voracidade por mais-trabalho, o capital atropela não apenas os limites máximos morais, mas também os puramente físicos da jornada de trabalho". E acrescenta mais adiante: "O capital não se importa com a duração de vida da força de trabalho", Karl Marx, *O capital*, cit., v. I, tomo I, p. 211-2.

[29] Há mais momentos em que a luta de classes permite avanços do capital que atentam contra as condições de existência da população trabalhadora, o que não pode ser considerado condição "normal".

e morais que não podem ser negligenciados, que fazem com que essas calorias, vitaminas e proteínas não possam ser calculadas com base em qualquer alimento, a não ser naqueles que constituem parte da cultura e da história alimentar do povo.

O desenvolvimento material da sociedade e a generalização de novos bens vão convertendo estes em bens necessários em épocas determinadas. Por isso, não há nada de estranho no fato de em favelas urbanas pobres se multiplicarem antenas de televisão, apesar de seus habitantes não contarem com os alimentos básicos. O que deve surpreender não são as antenas, mas o fato de que a esta altura do desenvolvimento societal existam pessoas que não possam contar com os bens materiais básicos, próprios da época em que vivem, e satisfazer ao mesmo tempo o resto de suas necessidades básicas de maneira suficiente.

O incremento do número de bens necessários que propicia o desenvolvimento histórico pressiona a uma elevação do valor da força de trabalho. Mas o incremento da produtividade e o barateamento dos bens indispensáveis em geral atuam no sentido contrário, de modo que o valor da força de trabalho se encontra permanentemente tensionado por essas duas forças.

Uma vez expostos os critérios teóricos a serem considerados na compra-venda da força de trabalho, devem ser assinalados outros pontos relevantes na hora do exame de um padrão de reprodução do capital. Entre eles destacam-se os setores, ramos e indústrias que demandam força de trabalho em determinados momentos históricos, as características diferenciadas da força de trabalho, as condições em que se estabelece essa demanda, assim como sua localização territorial.

Sobre esse último ponto pode ser considerada a relevância do problema dos enclaves mineiros na América Latina nos séculos XIX e XX, muitos deles localizados em zonas inóspitas e/ou distanciadas de núcleos urbanos, como as salitreiras chilenas, o que propiciou processos de proletarização acelerados ao concentrar milhares de trabalhadores em acampamentos e depender do salário como forma fundamental de subsistência, diante da impossibilidade de desenvolver uma produção agrícola de subsistência, o que os diferencia de outros casos nos quais essa combinação foi possível, gerando um híbrido de operários-camponeses.

A aparição de cordões industriais, na segunda metade do século XX, também gerou, do ponto de vista do processo de proletarização, fenômenos importantes, ao concentrar grandes massas de trabalhadores em espaços urbanos ou periurbanos muito apertados, favorecendo a integração e a organização sindical e política.

Temas como o montante de trabalhadores contratados, sua qualificação e os tipos de contratos que prevalecem na compra-venda são assuntos da maior importância. Em todos esses terrenos encontraremos diferenças ou similitudes entre diversos padrões de reprodução. Por exemplo, o chamado "trabalho precário" (que remete, entre outros assuntos, à compra de força de trabalho sem contratos ou com contratos temporários, com escassos ou nulos mecanismos de proteção e de benefícios sociais relacionados ao tempo de serviço, à saúde etc.) é uma característica que apresenta similitudes entre o padrão do fim do século XIX e início do XX e aquele que se instaura no fim do século XX e início do XXI.

Fase do capital produtivo
...P...

Sob as formas de força de trabalho e meios de produção, o capital está pronto para ingressar à fase produtiva. Ali, a mercadoria força de trabalho colocará em evidência sua capacidade de gerar um valor superior ao seu próprio valor, a valorização, ao mesmo tempo que permite repor seu valor e transferir ao produto final o valor dos meios de produção no qual intervém a criação de valor[30]. Com base nessa dimensão, a força de trabalho se apresenta como capital variável, enquanto os meios de produção funcionam como capital constante.

O primeiro aspecto a ser considerado, uma vez que o capital abandona a primeira fase da circulação e ingressa na fase produtiva, diz respeito ao próprio trabalho: a forma como o capital consome a força de trabalho[31]. Para incrementar a taxa de exploração – a relação entre a mais-valia e o capital variável que a engendra (p/v) –, distinguem-se quatro formas fundamentais: a compra da força de trabalho abaixo de seu valor; o prolongamento da jornada de trabalho; o incremento da produtividade do trabalho; e a intensificação do trabalho. A primeira delas se realiza na primeira fase da circulação, da qual já assinalamos alguns dos pontos fundamentais, por isso não seremos redundantes. Vejamos então as três restantes.

Prolongamento da jornada de trabalho

Existem limites máximos que assinalam a duração possível de uma jornada de trabalho. Eles são impostos pelo fato de que o trabalhador necessita, a cada dia, de determinado número de horas para repor o desgaste de suas energias físicas e mentais. A isso se agregam os "limites morais. O trabalhador precisa de tempo para satisfazer a necessidades espirituais e sociais, cuja extensão e número são

---

[30] "[...] o processo de valorização não é nada mais que um processo de formação de valor prolongado além de certo ponto", Karl Marx, O capital, cit., v. I, tomo I, p. 161.

[31] Marx retrata da seguinte maneira a passagem de uma fase a outra: "O antigo possuidor de dinheiro marcha adiante como capitalista, segue-o o possuidor de força de trabalho como seu trabalhador; um, cheio de importância, sorriso satisfeito e ávido por negócios; o outro, tímido, contrafeito, como alguém que levou a sua própria pele para o mercado e agora não tem mais nada a esperar", ibidem, p. 145.

determinados pelo nível geral de cultura"[32]. Em condições normais, a jornada de trabalho não pode durar 24 horas. Seu limite mínimo no capitalismo, por outro lado, é o tempo de trabalho necessário (no qual o trabalhador reproduz o valor de sua força de trabalho) mais alguma quantidade extra de tempo em que seja gerada mais-valia. Entre esses dois extremos se move a duração da jornada de trabalho. Não existe, por isso, uma quantidade constante. Sua duração é variável e será determinada, definitivamente, pela luta de classes[33].

Vimos que o prolongamento da jornada tem como consequência uma elevação do valor da força de trabalho, ao requerer maior quantidade de bens necessários para repor o desgaste das horas extras. Porém, ultrapassado certo ponto, a partir do qual o desgaste físico e mental não pode ser reposto, o aumento de horas de trabalho diárias não consegue ser compensado pelo aumento do salário[34]. Nesses casos, o capital está se apropriando hoje de anos futuros de trabalho, o que não só viola o valor da força de trabalho, mas implica a redução da vida útil do trabalhador e de sua expectativa de vida de acordo com as condições normais dominantes.

O incremento da mais-valia mediante o prolongamento da jornada faz parte da mais-valia absoluta, ou seja, de um incremento do tempo de trabalho excedente pelo incremento absoluto da jornada de trabalho.

Geralmente, o prolongamento da jornada de trabalho tende a constituir um mecanismo de incremento da mais-valia em empresas com níveis tecnológicos atrasados e menores níveis de capitalização, recurso preferencialmente empregado por médias e pequenas indústrias. Entretanto, em situações de crise e/ou de uma ofensiva do capital que termine rompendo os diques de defesa da classe operária em questão (como ocorre desde as últimas décadas do século XX e do início do século XXI), o prolongamento da jornada pode generalizar-se ao conjunto da produção, e sua diminuição dependerá de uma mudança nas correlações de força na sociedade.

---

[32] Ibidem, p. 188.

[33] "[...] a regulamentação da jornada de trabalho apresenta-se na história da produção capitalista como uma luta ao redor dos limites da jornada de trabalho – uma luta entre o capitalista coletivo, isto é, a classe dos capitalistas, e o trabalhador coletivo, ou a classe trabalhadora", ibidem, p. 190.

[34] "*Até certo ponto*, o desgaste maior de força de trabalho, inseparável do prolongamento da jornada de trabalho, pode ser compensado por maior restauração ["maior remuneração", na tradução da Fondo de Cultura Econômica (N. T.)]. Além desse ponto, o desgaste cresce em progressão geométrica e ao mesmo tempo todas as condições normais de reprodução e atuação da força de trabalho são destruídas", ibidem, v. I, tomo II, p. 118, grifos meus.
Cabe ressaltar que é recorrente a utilização por parte de Marx de ideias sobre "o normal", que nada têm a ver com a ideia de média estatística a respeito do que ocorre. Isso para contrapô-lo aos que acreditam que não existe norma alguma na questão de como o capital utiliza a força de trabalho e que somente o que acontece de maneira cotidiana na realidade (a média estatística) é "o normal". Dessa forma, se a jornada dura doze ou catorze horas diárias, isso seria "o normal". O ponto de vista de Marx, como vemos, não concorda com essa postura "realista-empirista" do capital.

Caberia acrescentar que, nas atuais condições de mundialização, o prolongamento da jornada de trabalho constitui um mecanismo regular nas regiões dependentes, estreitamente associado à presença de salários muito inferiores ao valor da força de trabalho. Uma forma de alcançar uma elevação do salário para os operários passa por prolongar as horas de trabalho. Isso resulta no fato de que de um trabalhador o capital extrai o trabalho de um trabalhador e meio ou de dois trabalhadores, o que repercute em expansão do desemprego e, daí, em pressão por menores salários e maiores jornadas. É assim que se reproduz o círculo virtuoso (para o capital) da superexploração.

Dada a mobilidade obtida pelo capital na mundialização, os trabalhadores do mundo imperial sofrem, por sua vez, essa situação de maneira mais imediata, diante do deslocamento de plantas produtivas para as regiões periféricas, devendo aceitar reduções salariais e prolongamento da jornada. O destino dos trabalhadores do centro e da periferia capitalista foi ligado como nunca na atual etapa do capitalismo.

A produtividade do trabalho

Com uma jornada de trabalho constante, pode-se modificar a relação entre trabalho necessário e trabalho excedente mediante uma diminuição do valor da força de trabalho e, por conseguinte, do tempo de trabalho necessário. Assim, sem haver variação na jornada, aumenta o tempo de geração de mais-valia, o que permite incrementar a taxa de mais-valia. Essa é a forma clássica de geração de mais-valia relativa. Isso somente pode se dar como resultado de uma elevação da produtividade do trabalho nos ramos que produzem os meios de consumo dos trabalhadores, o que reduz seu valor unitário e, dessa forma, incide em diminuir o valor da força de trabalho.

É importante destacar que aqui se produz um incremento da taxa de exploração e do tempo de trabalho excedente sem violar o valor da força de trabalho, mas sim respeitando-o. E mais, o incremento da produtividade geral na sociedade permite inclusive incrementar a massa de bens que passam a fazer parte da cesta de bens indispensáveis da classe trabalhadora, ao baratear o valor unitário dos produtos (sejam rádios, jornais, televisões etc.). Tal incremento na cesta de bens indispensáveis não acarreta necessariamente o incremento do valor da força de trabalho, mas sim, pelo contrário, pode ir acompanhado pelo seu descenso, ao baixar o valor unitário dos novos bens incorporados junto com o descenso que opera nos bens básicos (alimentos, vestuário etc.) por causa da elevação da produtividade.

Nessas condições, o incremento da produtividade do trabalho supõe um aumento no consumo do trabalhador, sem que se incremente o valor da força de trabalho. Também supõe um desgaste igual e, inclusive, inferior da força de trabalho[35]. As novas tecnologias ou as novas organizações do trabalho permitem produzir uma quantidade igual ou até mais elevada sem maior desgaste.

O capitalismo, porém, não existe para oferecer melhores condições de vida. Seu objetivo é a valorização, fazendo dos novos avanços na tecnologia e na organização do trabalho formas não de liberação, mas de maior submissão e exploração. Nessa lógica[36], a elevação da produtividade propicia a elevação da intensidade do trabalho.

A intensidade do trabalho

Vista do ângulo da produção final, a elevação da produtividade e da intensidade propicia o incremento da produção. Porém, com diferenças substanciais. A segunda é obtida por meio do aproveitamento dos avanços tecnológicos e da organização do trabalho para aumentar *o desgaste* dos trabalhadores, o que não ocorre com a primeira. A incompreensão desse elemento leva a confundir produtividade com intensidade.

É certo que, para que se eleve a intensidade, é necessário que se produzam mudanças tecnológicas e na organização do trabalho que estejam associadas à produtividade. Sobre essas bases, o capital busca transformar todos os "tempos mortos" na produção em tempos de valorização[37], acelerando os ritmos de produção, exigindo tarefas cada vez maiores de um mesmo trabalhador etc. "[...] a máquina, na mão do capitalista, transforma-se no meio objetivo e sistematicamente aplicado de espremer mais trabalho no mesmo espaço de tempo. Isso ocorre de duas maneiras: mediante aceleração das máquinas e ampliação da maquinaria a ser supervisionada pelo mesmo operário ou de seu campo de trabalho."[38]

Tudo isso supõe a aplicação de avanços técnicos à produção, os quais terminam propiciando uma subsunção real do trabalho ao capital, passando este a poder

---

[35] "Em geral, o método de produção da mais-valia relativa consiste em capacitar o trabalhador, mediante maior força produtiva do trabalho, a produzir *mais com o mesmo dispêndio de trabalho no mesmo tempo*", ibidem, v. I, tomo II, p. 33, grifos meus.

[36] Ou seja, na lógica do capital. Em outra lógica, os aumentos da produtividade geram as condições para aumentar o tempo livre.

[37] Diante da imposição de "uma jornada normal de trabalho, legalmente limitada", o capital estabelece uma "intensificação do trabalho", ou seja, "impõe maior dispêndio de trabalho, no mesmo tempo, tensão mais elevada [redobrada] da força de trabalho, preenchimento mais denso dos poros da jornada de trabalho, isto é, impõe ao trabalhador uma condensação do trabalho a um grau que só é atingível dentro da jornada de trabalho mais curta", ibidem, v. I, tomo II, p. 33. "Intensidade crescente do trabalho supõe dispêndio ampliado de trabalho no mesmo espaço de tempo", ibidem, p. 116.

[38] Ibidem, p. 35.

dispor dos trabalhadores sob as condições que requeira em toda a jornada de trabalho. "A produção da mais-valia relativa [...] supõe [...] um modo de produção especificamente capitalista, que com seus métodos, meios e condições nasce e é formado naturalmente apenas sobre a base da subordinação formal do trabalho ao capital. No lugar da formal, surge a subordinação real do trabalho ao capital."[39]

Assim como o prolongamento da jornada de trabalho, o aumento da intensidade supõe maior quantidade de trabalho dispendido, de maneira a ser acompanhado de incrementos da remuneração para compensar o maior desgaste físico e mental. Mas também há um ponto a partir do qual remunerações maiores tornam-se insuficientes para compensar tal desgaste se este é ampliado A intensidade é um dos mecanismos empregados pelo capital para elevar a taxa de exploração em condições que violam o valor da força de trabalho, seja em seu valor diário, seja em seu valor total.

A intensidade do trabalho tende a produzir-se preferencialmente em empresas de ponta, com elevados níveis tecnológicos e produtivos, onde a duração da jornada de trabalho é a "normal" ou, inclusive, inferior à normal. Isso porque não é possível sustentar por longas horas e de maneira regular no tempo uma atenção redobrada como a que exige a intensificação do trabalho: "[...] tem de se alcançar um ponto nodal em que prolongamento da jornada de trabalho e intensidade do trabalho excluam-se mutuamente"[40].

A intensidade do trabalho propicia um tipo de desgaste que termina reduzindo a vida útil do trabalhador "em condições normais", mediante doenças nervosas e psicológicas, diferentemente do prolongamento da jornada, com desgastes físicos imediatos e incremento dos acidentes de trabalho.

A organização do trabalho

A forma como o capital organiza a produção tem variado desde o trabalho domiciliar, as primeiras manufaturas, as grandes indústrias, o fordismo e seu trabalho em cadeia, o pós-fordismo (ou "toyotismo") e a conformação de grupos flexíveis, a produção *just in time* e o retorno a empresas de tamanho médio. O predomínio de certa organização do trabalho não supõe necessariamente a extinção das formas prévias, mas sim, com frequência, sua combinação[41]. Com a grande ou média indústria de ponta se desenvolvem, por exemplo, múltiplas oficinas de trabalho or-

---

[39] Ibidem, p. 106.
[40] Ibidem, p. 33.
[41] Para uma análise que apresente semelhanças e diferenças entre o fordismo e o toyotismo, ver Huberto Juárez Núñez, "Los sistemas *just in time/Kanban*, un paradigma productivo", *Política y Cultura*, Departamento de Política y Cultura, UAM – Xochimilco, n. 18, 2002.

ganizadas como na etapa de manufatura e, inclusive, empregando trabalho domiciliar, mediante subcontratação realizada pelas primeiras com relação às segundas.

Paralela à busca por aumentar a valorização do capital, a organização do trabalho define-se pelo tipo de valores de uso que se produzem. Uma fábrica de computadores ou de automóveis tem uma organização diferente de uma que produz vinho, madeira ou frutas frescas.

A composição técnica do capital também incide na organização da produção. O fato de contar ou não com cadeias e linhas de montagem, robôs, produção por computadores etc. repercute nas possibilidades da organização produtiva.

O predomínio de determinadas formas de organização do processo de trabalho pode ser periodizado, dando vida às noções de taylorismo, fordismo, neofordismo ou pós-fordismo, toyotismo etc., muito em voga na sociologia do trabalho. Isso é útil porque desvela diversos procedimentos para produzir e incrementar a mais--valia, assim como para a organização laboral. Porém, a atenção se reduz a aspectos limitados do processo geral de reprodução do capital. Daí as limitações da chamada escola regulacionista[42] ao tentar estender seu foco com base nas noções antes assinaladas. Dar conta do processo de reprodução do capital requer categorias e uma capacidade integradora da análise que ultrapassa o que aquelas categorias permitem captar.

Segunda fase da circulação
M' - D'

Uma vez concluída a fase produtiva, o capital toma a forma de mercadorias que precisam ser vendidas para voltar a assumir a forma de dinheiro, embora acrescentado. Essa fase coloca uma série de problemas importantes para a análise.

Quando as mercadorias saem para a circulação, a primeira pergunta a ser feita é a que mercados se dirigem, porque estes são sempre uma categoria social. Assim, é necessário distinguir o mercado de meios de produção, a demanda gerada pelo capital em seus diversos setores (grande, médio e pequeno) para repor o desgaste desses meios – sejam eles máquinas, ferramentas, peças ou matérias-primas – ou para ampliar a produção. Depois, temos o mercado gerado pela mais-valia não consumida produtivamente, que o capital destina ao consumo individual e que se satisfaz com meios de consumo necessários e outros "de luxo"[43] ou suntuários. Em algumas faixas desse mercado participam também setores da pequena burguesia,

---

[42] A obra de Michel Aglietta, *Regulación y crisis del capitalismo* (Cidade do México, Siglo XXI, 1979), é pioneira na perspectiva conhecida como escola regulacionista.
[43] Seguindo o nome que Marx dá ao setor IIb nos esquemas de reprodução, em *O capital*, cit., v. II, p. 298-9.

como profissionais com escritórios (médicos, arquitetos, publicitários etc.) ou em cargos de direção produtiva ou estatal (gerentes, profissionais e técnicos com altos cargos no setor privado, parte da classe política e da classe dirigente etc.)[44].

De um mercado socialmente diferente participam o grosso da pequena burguesia e algumas camadas altas da classe trabalhadora. Mais abaixo se encontra a demanda das camadas baixas do proletariado ativo e do proletariado temporariamente inativo. Por último, os desempregados crônicos e o pauperismo em geral.

A quais desses mercados a produção se dirige predominantemente? A forma que assumem (ou melhor, como se constroem) os mercados nos dá uma ideia do lugar que os setores e ramos da produção ocupam em uma economia e vice-versa. Em médio e longo prazos, são elementos que tendem a alcançar uma relativa coerência em seu desenvolvimento.

Quando nos perguntamos pelos mercados para os quais a produção se dirige, também devemos considerar o problema dos mercados externos (diante do que já se assinalou com relação aos mercados internos). Aqui, *grosso modo*, podem se distinguir certos blocos: Estados Unidos-Canadá, União Europeia, Japão e sudeste asiático, China, América Latina e outros[45].

Outro assunto de interesse nessa primeira fase da circulação diz respeito ao tipo e à quantidade dos valores de uso lançados ao mercado. Isso é relevante por muitos motivos, como o de nos dar uma ideia do nível de desenvolvimento de uma economia e dos ramos ou setores-eixo da produção. Mas também ajuda a entender problemas derivados das flutuações dos mercados em relação a determinados valores de uso. Por exemplo, uma crise generalizada tende a propiciar a derrubada de mercados, mas, em geral, economias que produzem bens de consumo salarial ou industrial indispensáveis (como carne, trigo, petróleo etc.) são menos golpeadas do que economias que produzem bens de consumo não indispensáveis (café, banana e outras frutas) ou até matérias-primas (estanho, cobre etc.)[46]. Isso porque

---

[44] Fiz a distinção dessas frações e setores da pequena burguesia e do restante das classes sociais no capitalismo em meu livro *Fundamentos del análisis social*, cit., cap. 4.

[45] Trata-se de uma primeira distinção aproximativa. Estudos mais específicos deverão entrar em maiores detalhes; por exemplo: a que países da União Europeia se orientam as exportações latino-americanas? Para quais países da América Latina se dirige a produção estadunidense ou de algum país latino-americano em particular? Etc.

[46] Essa foi uma das razões pelas quais a crise mundial compreendida entre a Primeira e a Segunda Guerra Mundial, passando pela Crise de 1929, afetou de maneira desigual os países latino-americanos. Os grandes produtores de bens de consumo indispensáveis (como Argentina, produtora de carne e trigo) se viram menos afetados do que os produtores de matérias-primas (Chile, salitre; Bolívia, estanho) ou do que os produtores de bens de consumo não indispensáveis (Brasil e Colômbia, café; países centro-americanos e caribenhos, banana e açúcar). Isto permitiu que, na Argentina, os setores ligados ao padrão primário-exportador mantivessem um peso econômico e político que, em outros países latino-americanos, foi debilitado com a longa crise.

a demanda de meios de produção tende a decair profundamente durante as crises, enquanto o consumo individual indispensável se realiza mesmo apesar delas.

Dentre as diversas fases do ciclo do capital, essa é uma das mais propensas a desencadear crises. Apesar de qualquer interrupção, em qualquer fase do ciclo do capital, ser propiciadora de crises, a fase M'-D' é a mais aguda, porque evidencia a anarquia em que se movem as decisões na produção capitalista em geral e porque nela é possível que as mercadorias não encontrem mercados, fazendo com que se interrompa o processo de realização da mais-valia[47]. Esse é o momento em que se comprova se as decisões de investimento e de produção de determinados bens foram corretas ou se, pelo contrário, o tempo de trabalho social destinado foi maior do que o necessário. A lei do valor adquire aqui toda sua força[48].

Lucro, taxa de lucro média e lucro extraordinário

A mais-valia, como expressão de um valor novo gerado pelo capital variável, transfigura-se em lucro, em um nível de maior concretude, e aparece como um remanescente que emerge do conjunto de gastos que o capital realiza, tanto em capital variável como em capital constante. Assim, a mais-valia sob a forma de lucro termina por ocultar a origem do novo valor que expressa[49].

Ao considerar o conjunto do capital que intervém em sua produção, e não somente o capital variável, que é o que realmente valoriza, a taxa de lucro (p/c+v) apresenta-se inferior à taxa de mais-valia (p/v). Vista de maneira individual, a taxa de lucro dos capitais que gastam uma maior proporção em capital constante

---

[47] Marx assinala que em certos momentos o capitalista industrial pode vender suas mercadorias ao capitalista comercial e seguir produzindo como se as mercadorias houvessem saído da órbita do mercado. Se isso não ocorre, "fluxo de mercadorias segue fluxo de mercadorias e, por fim, verifica-se que o fluxo anterior só aparentemente havia sido engolido pelo consumo. Os capitais-mercadorias disputam entre si o lugar no mercado [...]. Os que chegam depois para vender [...] têm de declarar-se insolventes ou vender a qualquer preço, para poderem pagar [...]. Então eclode a crise", Karl Marx, *O capital*, cit., v. II, p. 57.

[48] "A astúcia da sociedade burguesa consiste precisamente [...] em que nela não existe *a priori* uma regulação social consciente da produção. O racional e o naturalmente necessário apenas se impõem cegamente nela como uma média", carta de Marx a Kugelman, 11 de julho de 1868, em Karl Marx, *El capital* (Cidade do México, Fondo de Cultura Económica), v. I, tomo II, p. 706.

[49] "[...] o lucro é [...] uma forma transmutada da mais-valia, uma forma em que sua origem e o segredo de sua existência são velados e apagados", Karl Marx, *O capital*, cit., v. III, tomo I, p. 37. "Pelo fato de que todas as partes do capital aparecem igualmente como fontes de valor excedente (lucro), a relação-capital é mistificada", ibidem, p. 35.

tenderá a ser inferior àquela dos demais capitais. Entretanto, em uma economia capitalista, estabelece-se uma taxa de lucro média (ou taxa de lucro geral), isto é, capitais sociais em concorrência, com distintas composições orgânicas do capital, tendem a igualar suas taxas de lucro, fazendo com que a taxa média, somada aos preços de custo, resulte em preços de produção diferenciados[50].

Ao operar como componentes do capital social, os capitais individuais acabam se apropriando não da mais-valia produzida por cada um, mas de um lucro regido por uma taxa média (ou taxa geral), em que os capitais com composições orgânicas mais altas recebem essa taxa média superior, embora o que deveria lhes corresponder individualmente fosse uma taxa de lucro inferior (pelo maior gasto em capital constante).

A concorrência move os capitais a tentar reduzir o valor de suas mercadorias, fazendo com que tenham de destinar maiores quantias do capital total a gastos em capital constante para, dessa forma, elevar a produtividade. Porém, há outro incentivo para realizar esses movimentos. Em um mesmo ramo da produção, ao reduzirem o valor individual e situá-lo abaixo do valor comercial, poderão obter um lucro extraordinário[51], o qual não somente traz rendimentos mediante incrementos nos lucros, mas também a possibilidade de deslocar da concorrência os capitais que não possam fazer frente à avalanche de mercadorias mais baratas que a elevação da produtividade média gera.

Para a análise da reprodução do capital, o estudo do ciclo do capital deve integrar-se com a visão do capital social, isto é, com o conjunto do capital que compete entre si, no qual aparece a disputa pelo lucro. Tais processos nos dão pistas a respeito da força diferenciada entre capitais e das vantagens (apropriação de maior mais-valia) atingidas por aqueles que se constituem em eixos da acumulação sob padrões determinados.

Reprodução das contradições

A produção capitalista tem sentido como busca incessante da valorização do capital. Nesse sentido, não pode ser assumida apenas como um processo de

---

[50] "Quando um capitalista vende sua mercadoria ao preço de produção, recobra dinheiro em proporção à grandeza de valor do capital consumido por ele na produção e obtém lucro em proporção a seu capital adiantado, como mera parte alíquota do capital social", ibidem, p. 124.

[51] "Se a oferta das mercadorias ao valor médio [...] satisfaz a procura ordinária, as mercadorias cujo valor individual está abaixo do valor de mercado realizam uma mais-valia extraordinária ou um superlucro, enquanto aquelas cujo valor individual está acima do valor de mercado não podem realizar parte da mais-valia nelas contida", ibidem, p. 139.

produção, mas sim, principalmente, como um processo de reprodução. Além de gerar de maneira recorrente novos valores, a produção capitalista gera, ao mesmo tempo, as condições sociais e materiais para que tal reprodução possa ser levada a cabo: donos do capital, em um extremo, e possuidores de força de trabalho, no outro, estabelecendo os agrupamentos humanos básicos e as relações sociais que tornam possível aos meios de produção se defrontar com os trabalhadores como capital[52].

Uma vez transformada M' em D', o ciclo está em condições de continuar, mas recriando as contradições que lhe são inerentes. A lógica capitalista não permite que o ciclo se reproduza de maneira contínua sob as mesmas condições técnicas. A elevação da composição orgânica, com gastos crescentes em capital constante e em novas tecnologias, equipamentos e maquinaria mais avançados eleva a produtividade, porém às custas de ir gerando uma massa de superpopulação relativa como resultado da diminuição relativa em capital variável. O fortalecimento do polo da riqueza é seguido, assim, pelo aumento do polo da miséria e da pobreza.

Por outro lado, a elevação da produtividade aumenta a massa de valores de uso na qual o valor é encarnado. O capital comprova que, "quanto mais se desenvolve [...] a força produtiva, tanto mais ela entra em conflito com a estreita base sobre a qual repousam as relações de consumo"[53]. A elevação da composição orgânica provoca, por sua vez, a queda tendencial da taxa de lucro, o que propicia a sobreacumulação (relativa) de equipamentos, maquinaria e matérias-primas, os quais não podem ser reincorporados à produção se a taxa de lucro não se eleva. Enquanto isso não ocorre, a crise se faz presente e múltiplos capitais se veem destruídos ou absorvidos por outros. As crises servem como estopim para restabelecer novas condições para a rentabilidade do capital, para voltar a propiciar a renovação de seu ciclo de reprodução e de suas contradições econômicas e sociais em novos estágios[54].

---

[52] "Os meios de produção [...] devem [...] defrontar-se com o trabalhador enquanto tais, como capital, para que o ato D-FT possa tornar-se um ato social genérico". Assim, "a produção capitalista, uma vez estabelecida, não só reproduz em seu desenvolvimento essa separação, mas a amplia em âmbito sempre maior, até que se tenha tornado a condição social genericamente dominante", ibidem, v. II, p. 30.
"O senhor Proudhon soube ver muito bem que os homens fazem o tecido, o lenço, a seda [...]. O que [...] não soube ver é que os homens produzem também [...] as relações sociais sob as quais produzem o pano e o lenço", "Carta de Marx a Annenkov", em *Marx-Engels, obras escogidas* (Moscou, Progresso, 1980), tomo I, p. 538.

[53] Karl Marx, *O capital*, cit., v. III, tomo I, p. 185.

[54] Para uma síntese das contradições do capitalismo, ver *O capital*, v. III, cap. 15, "Desenvolvimento das contradições internas da lei".

Padrão de reprodução e crise

Crise e teoria do "colapso" do capitalismo

Que papel ocupam as crises no corpo teórico de Marx? Serão processos que inevitavelmente conduzem à catástrofe e à liquidação da organização capitalista ou apenas constituem desequilíbrios momentâneos que permitem restabelecer um equilíbrio inerente à reprodução capitalista?

Tanto uma como a outra nos situam em horizontes teóricos e políticos radicalmente distintos. Segundo Colletti:

> [...] se a obra de Marx não fosse simultaneamente uma crítica do capitalismo, ou seja, uma análise das contradições internas que o minam, e uma exposição e reconstrução do modo em que, apesar de tudo, as contradições são superadas e do modo em que existe e funciona o sistema, nela restaria a simplicidade lacunar de um destes erros. Ou o erro das críticas ao capitalismo que [...] no esforço de aguçarem as contradições internas ao sistema acabam por demonstrar não mais a contraditoriedade do sistema existente, mas sim diretamente a sua impossibilidade, a impossibilidade de sua existência e de seu funcionamento [...]. Ou, ainda, se veria obrigada a repetir o erro oposto, o daqueles que – aprisionados e comprimidos pela existência do mecanismo que indagam – atenuam e minimizam seus desequilíbrios internos até o ponto de tornar absoluta e eterna essa existência e, por consequência, não ver as razões pelas quais o próprio sistema não pode funcionar e durar até o infinito.[55]

Assim, os rumos das crises não são ou a catástrofe ou a irrupção de desequilíbrios que só contribuem para a restituição de novos equilíbrios. As crises operam em uma dimensão que supera essa dicotomia, como veremos a seguir.

Embora existam na obra de Marx elementos para analisar as crises, estas não são desenvolvidas de maneira explícita em *O capital*[56] nem em suas outras obras maiores de economia política[57]. No plano de trabalho de 1857, a análise do tema estava prevista para o livro VI (assinalado como "o livro do mercado mundial e das crises"), mas desaparece no plano de 1866[58].

---

[55] Lucio Colletti, *El marxismo y el 'derrumbe' del capitalismo* (Cidade do México, Siglo XXI, 1978), p. 33-4.

[56] Nessa obra, são reiteradas as observações de que "a análise mais profunda da crise [...] encontra-se à margem de nossa observação", Karl Marx, *El capital* (Buenos Aires, Siglo XXI, 1975), v. VII, tomo III, p. 463-6.

[57] *Contribuição à crítica da economia política*, *Grundrisse* e *Teorias da mais-valia*.

[58] Plano que Marx tampouco consegue concluir. Rosdolsky realiza uma revisão pormenorizada desses planos de trabalho e das razões de suas mudanças em *Gênese e estrutura de* O capital *de Marx*, cit.

A lei da queda tendencial da taxa de lucro constitui o aporte fundamental de Marx à análise das crises capitalistas[59]. Sua formulação "parece sumamente simples"[60]: por sua natureza, o capital busca incrementar-se de maneira constante e, para isso, deve elevar a produtividade do trabalho, o que lhe permite baixar preços e ganhar posições na concorrência. O restante dos capitais deve mover-se na mesma direção, seja para simplesmente sobreviver, seja para atingir lucros extraordinários. O gasto em equipamentos, maquinaria, novas tecnologias e conhecimentos converte-se em um fator que impulsiona o capital a revolucionar de maneira recorrente a produção.

Essa dinâmica implica um renovado processo de elevação da composição orgânica do capital ao destinar quantias cada vez maiores deste para a aquisição de capital constante, em detrimento do capital variável. O resultado desse processo provoca a lei da queda tendencial da taxa de lucro, ou seja, a redução *relativa* da mais-valia em relação ao montante total de capital que deve ser mobilizado para produzi-la.

A queda da taxa de lucro *não implica*, portanto, *uma redução da massa de mais-valia* (pelo contrário, esta pode crescer), mas sim a *diminuição de sua proporção com relação ao capital total*.

Embora essa constitua uma lei, na medida em que a dinâmica capitalista propicia sua queda, existem mecanismos que neutralizam seus efeitos, o que a converte em uma lei tendencial[61]. Entre tais mecanismos destacam-se os que favorecem o aumento da taxa de exploração sem elevar a composição orgânica do capital, como o prolongamento da jornada de trabalho, a intensificação do trabalho e a remuneração da força de trabalho abaixo de seu valor[62]. Em todos esses casos, a presença de uma superpopulação relativa excedente favorece a atuação do capital.

A incorporação da mulher e das crianças e adolescentes ao trabalho tem esse mesmo sentido, uma vez que toda a família passa a "fornecer ao capital uma massa

---

[59] Marx a considera, além disso, "a lei mais importante da moderna economia política" e "do ponto de vista histórico, a lei mais importante", ibidem, p. 421-2.

[60] Entretanto, "a economia política não conseguiu descobri-la até o presente", Karl Marx, *El capital* (Buenos Aires, Siglo XXI, 1975), v. VI, tomo III, p. 272.

[61] Como bem salienta Colletti, seu caráter de tendência "não quer dizer que a lei seja anulada ou suprimida, mas que 'sua vigência absoluta se vê contida, entorpecida'; vale dizer, que a lei possui vigência, mas em um arco mais longo de tempo e através de um processo mais complicado". Porque "se não fosse assim nem sequer se compreenderia por que se deve falar de lei", Lucio Colletti, *El marxismo y el 'derrumbe' del capitalismo*, cit., p. 36.

[62] Essa última questão, referida à superexploração em sua forma mais tosca e imediata, que "é [...] uma das causas mais significativas de contenção da tendência à queda da taxa de lucro", não é desenvolvida porque "nada tem a ver com a análise geral do capital", Karl Marx, *El capital* (7. reimp., Cidade do México, Fondo de Cultura Econômica, 1973), v. III, tomo I, p. 179.

de mais-trabalho maior do que antes"[63], o que influi também na elevação da taxa de exploração, seja porque se obtém uma mesma massa de trabalho por salários menores, seja porque aumenta a quantia de trabalho disponível. O comércio exterior, quando permite baratear o valor da força de trabalho, também favorece a elevação do grau de exploração.

O barateamento dos elementos que conformam o capital constante, seja mediante a elevação da produtividade interna, seja mediante bens adquiridos no comércio exterior, favorece, por sua vez, a elevação da taxa de lucro.

As crises aceleram a morte de capitais. Mas também propiciam a desvalorização de capitais e salários, elementos que se constituem em incentivo para uma recuperação da taxa de lucro e o início de um novo período de reativação da reprodução capitalista. Nesse sentido, as crises são condição de morte e potencial ressurreição do capital.

A ênfase em um ou outro desses aspectos e não em sua unidade leva a supor tanto que o capitalismo cairá pelo peso das contradições econômicas que gera quanto que ele sempre encontrará um ponto para restabelecer seu equilíbrio. Tais são os termos simples do debate em torno da existência ou não, em Marx e em *O capital*, em particular, de uma "teoria do colapso"[64]. Em suma, afirmar "que a lei do valor é ou o princípio que regula o equilíbrio do sistema ou o princípio que expressa sua contradição fundamental" é mover-se em uma lógica que esquece que tal lei "é tanto o princípio que explica a existência do sistema como o que o nega"[65].

Com efeito, o capitalismo gera condições para se reproduzir, porém sob a condição de reproduzir de maneira ampliada suas contradições. A análise de *O capital* desvenda a lógica desse processo e põe em evidência não somente a historicidade das leis que o regem, mas a natureza perecedora dessa ordem societal.

Mas isso não implica supor um "colapso", isto é, a ideia de uma crise na qual o sistema se paralise e desintegre, dando vida a outra forma de organização societal. Se fosse assim, Marx não teria necessidade de uma teoria da revolução social. É

---

[63] Ibidem, p. 178.

[64] Segundo Colletti, esse debate colocou em posições convergentes tanto autores de "esquerda" como "revisionistas". Bernstein e Rosa Luxemburgo se situam entre os que sustentam que em Marx existe uma teoria do colapso, enquanto Kautsky, Lenin, Hilferding e Bukharin o negarão. Lucio Colletti, *El marxismo y el 'derrumbe' del capitalismo*, cit., p. 35. Para ampliar a confusão, Colletti assinala: "a convicção que formamos a propósito disso é que na obra de Marx há uma 'teoria do colapso' mas que ali, por outro lado, também há razões para refutar, em princípio, a validade de qualquer teoria dessa espécie" (!!), ibidem, p. 36. Rosdolsky, em épocas posteriores, também se une à posição do "colapso". Ver *Gênese e estrutura de O capital de Marx*, cit., p. 319.

[65] É Colletti quem refuta a si mesmo. Lucio Colletti, *El marxismo y el 'derrumbe' del capitalismo*, cit., p. 33.

porque tal colapso não ocorrerá que o socialismo é concebido como resultado de uma busca consciente e apoiada na construção sobre as bases reais que movem o capitalismo[66]. A revolução social no capitalismo não é só desejável como possível, permitindo à humanidade iniciar a passagem da pré-história à história.

Mais que uma "teoria do colapso", o que temos em *O capital* é o estudo das condições que permitem ao capitalismo reproduzir-se, mas, ao mesmo tempo, ser revolucionado e superado por outra organização societal. E, em ambos os terrenos, suas contradições e a crise, como ponto culminante daquelas, representam um papel central.

Uma ou diversas crises?

Da perspectiva do ciclo do capital, a lei da queda tendencial da taxa de lucro se expressa de formas diversas, conforme a etapa da metamorfose em que o capital se encontre. Do ponto de vista da forma dinheiro, pode-se observar que essa lei pode propiciar a sobreacumulação relativa de capitais, ou seja, excessos de capital em relação à taxa de lucro existente; em suma, capitais que não são investidos, esperando sua elevação.

O capital também assume a forma de mercadorias em seu ciclo. E, como a produção capitalista se orienta às cegas com relação à quantidade de mercadorias que devem ser produzidas, ao tender à permanente elevação da produtividade do trabalho e, com isso, ao incrementar a massa de mercadorias lançadas ao mercado, propicia sobreproduções de meios de produção e de meios de subsistência, em que muitos não chegarão a se realizar, isto é, a se transformar de M' em D', ou chegarão a fazê-lo abaixo do valor contido, reduzindo dessa forma a taxa de lucro. Temos assim crise de sobreprodução de mercadorias ou crise de realização.

> O conjunto da massa de mercadorias [...] precisa ser vendido. Se isso não acontece ou só acontece em parte ou a preços que estão abaixo dos preços de produção, então [...] [a] exploração não se realiza enquanto tal para o capitalista, podendo estar ligada a uma realização nula ou parcial da mais-valia extorquida, e mesmo a uma perda parcial ou total de seu capital.[67]
>
> [...] são produzidas mercadorias em demasia para poder realizar o valor nelas contido e a mais-valia encerrada nele, sob as condições de distribuição e de consumo dadas pela produção capitalista, e poder retransformá-la em novo capital, isto é, levar a cabo esse processo sem explosões sempre recorrentes.[68]

---

[66] O que marca algumas das grandes diferenças entre o projeto de Marx e o dos diversos socialismos utópicos.
[67] Karl Marx, *O capital*, cit., v. III, tomo I, p. 185.
[68] Ibidem, p. 194.

Do ponto de vista do consumo, isso implica que o capitalismo gere uma capacidade de demanda limitada com relação ao seu poderoso potencial produtivo. A isso se refere Marx quando indica que, "quanto mais [...] se desenvolve a força produtiva, tanto mais ela entra em conflito com a estreita base sobre a qual repousam as relações de consumo"[69]. Em relação à sua capacidade de produzir, o capitalismo sempre gera subconsumo, à medida que não é uma produção estabelecida para resolver as necessidades da população, mas sim para produzir mercadorias que lhe permitam valorizar-se. Nas palavras de Marx:

> A contradição [...] consiste em que o modo de produção capitalista implica uma tendência ao desenvolvimento absoluto das forças produtivas, abstraindo o valor e a mais-valia nele incluídos, *também abstraindo as relações sociais, dentro das quais transcorre a produção capitalista*; enquanto, por outro lado, ela tem por meta a manutenção do valor capital existente e sua valorização no grau mais elevado.[70]

Porque a capacidade de consumo da sociedade "não é [...] determinada pela força absoluta de produção nem pela capacidade absoluta de consumo, mas pela capacidade de consumo com base nas relações antagônicas de distribuição, que reduzem o consumo da grande massa da sociedade a um mínimo só modificável dentro de limites mais ou menos estreitos"[71], os limites da valorização do capital, que exigem taxas de exploração determinadas e superpopulação excedente que pressione para elevá-las, limitam a satisfação adequada de necessidades nos assalariados.

Entre a fase de produção (ou de exploração) e a passagem na circulação para a realização das mercadorias existe uma distância marcada pelo fato de que esses dois processos diferem no tempo e no espaço. E a realização se encontra limitada "pela proporcionalidade dos diferentes ramos da produção e pela capacidade de consumo da sociedade"[72]. Além de crise de consumo, as crises assumem a forma de crise de desproporção entre setores: o de meios de produção e o de meios de consumo[73].

Como qualquer fase nos ciclos do capital é uma metamorfose deste, as crises sempre assumem a forma geral de crises de sobreprodução de capital, sob a forma de dinheiro, de meios de produção (equipamentos, maquinaria, matérias-primas) ou de mercadorias. O nome da crise depende da fase do ciclo da qual falamos. A

---

[69] Ibidem, p. 185.
[70] Ibidem, p. 188, grifos meus.
[71] Ibidem, p. 185.
[72] Idem.
[73] Os dois setores que Marx distingue quando analisa os esquemas de reprodução. Ver ibidem, v. II, caps. 20 e 21.

incompreensão desse assunto fez com que se gastasse muita tinta[74], quando geralmente se tomou por assentado que, se qualificamos a crise de determinada maneira (sobreprodução, realização, subconsumo, desproporção etc.), ela é contraditória em relação a qualquer outra.

O capital, visto em seu sentido social, como a soma dos múltiplos capitais, percorre simultaneamente todas as fases, de modo que, na hora de se produzir uma baixa da taxa de lucro, ficará "preso" [*atrapado*] em todas elas, seja como capital-dinheiro, seja como capital produtivo ou como capital-mercadoria. O ciclo se interrompe fazendo surgir uma crise.

Os fatores que propiciam a queda da taxa de lucro, isto é, a busca de elevação da produtividade para ganhar e/ou sobreviver na concorrência, mediante a elevação da composição orgânica, são os mesmos que operam no incremento da massa de mercadorias que precisam ser vendidas para recuperar a mais-valia nelas contida. Portanto, confrontar esses dois elementos[75] (ou queda da taxa de lucro ou realização) como processos independentes e desligados um do outro é não compreender as "contradições internas da lei"[76] da queda tendencial da taxa de lucro, como o "conflito entre a expansão da produção e a valorização"[77].

Nessa mesma lógica, apenas uma leitura fragmentada pode propiciar juízos como os que afirmam que, em certas passagens, Marx atribui a ideia de crise ao subconsumo e, em outras, à realização[78]. Para Marx, como dissemos, as crises se manifestam de todas essas maneiras. Tudo depende de que fase da reprodução se enfatize, porque as crises são simultaneamente a expressão da unidade do capital e suas várias facetas ou metamorfoses em seus ciclos de reprodução.

---

[74] Apenas a título de exemplo, ver os trabalhos de Paul Sweezy, *Teoría del desarrollo capitalista* (7. reimp., Cidade do México, Fondo de Cultura Económica, 1974); Maurice Dobb, *Economía política y capitalismo* (3. ed., Cidade do México, Fondo de Cultura Económica, 1966); Lucio Colletti, *El marxismo y el "derrumbe" del capitalismo*, cit.; entre outros.

[75] Colletti salienta que, no marxismo, "muitas vezes acabou prevalecendo a concepção das chamadas 'crises de realização': concepção a partir da qual a crise sempre se faz derivar da queda do lucro, embora essa queda se explique não pelas contradições da acumulação e pelo aumento da composição orgânica do capital, mas pela impossibilidade de os capitalistas realizarem o valor pleno das mercadorias que produzem", Lucio Colletti, *El marxismo y el "derrumbe" del capitalismo*, cit., p. 97. Colletti acrescenta que as teorias que enfatizam a realização nas crises "provêm, em geral, de autores que por uma ou outra razão não concordam com Marx no reconhecimento da lei da queda tendencial da taxa de lucro", idem.

[76] Assim se chama justamente o capítulo 15 do tomo III de *O capital*, que encerra a Seção Terceira, na qual se desenvolveu "a lei enquanto tal" (cap. 13) e as "causas que neutralizam a lei" (cap. 14).

[77] Marx, *O capital*, cit., v. III, tomo I, p. 187. A outra contradição sublinhada no capítulo 15 é o "excesso de capital com excesso de população" (p. 189).

[78] Maurice Dobb, em *Economía política y capitalismo*, cit., p. 85-6, incorre em comentários dessa linha.

As crises, por razões como as mencionadas antes, podem propiciar o esgotamento de um padrão de reprodução, com o que se criam as condições para o surgimento de um novo período que pode ser precedido por uma etapa de transição, na qual o antigo não termina de morrer ou de subordinar-se e o novo, de se impor e prevalecer. Quando um novo padrão prevalece, é porque o capital encontrou novas condições para se reproduzir, provocando mudanças nos setores ou ramos que desempenharão o papel de eixos da acumulação, na organização do trabalho, nas condições técnicas, nas mercadorias produzidas, nos mercados aos quais dirigirá sua produção, nos agentes que farão investimentos, no tipo de associação com o capital estrangeiro, enfim, no conjunto ou em alguns dos principais estágios que marcam o rumo do ciclo do capital.

Padrões de reprodução e políticas econômicas

Para que a reprodução do capital gere um padrão é necessário que reproduza certas pautas por algum tempo, isto é, que sua passagem pelas esferas da produção e da circulação deixe marcas por meio da repetição. Vimos, ademais, que no processo de reprodução o capital deve lidar com diversos obstáculos relativos à sua metamorfose, isto é, às diversas formas que assume ao longo desse processo.

Um dos mecanismos fundamentais com que o capital conta para lograr esses objetivos é a política econômica. Esta foi definida como a "manipulação deliberada de certos meios com o objetivo de alcançar certos fins econômicos"[79] ou, ainda, como a "ação geral do poder político central, consciente e finalística, exercida no campo econômico da produção, do intercâmbio, do consumo e da distribuição"[80].

Lichtensztejn considera que toda política econômica tem, ao menos, quatro componentes básicos: i) um centro ou poder de decisão (Estado, governo etc.); ii) práticas ou mecanismos de decisão (ações, meios, instrumentos, medidas etc.); iii) destinatários sociais das decisões (setores, classes, grupos etc.); e iv) propósitos das decisões (fins, objetivos, metas etc.)[81].

---

[79] J. Tinbergen, *Política económica* (Cidade do México, Fondo de Cultura Econômica, 1961), citado por Samuel Lichtensztejn, "Enfoques y categorías de la política económica", em Rosa María Magaña Alvarez, José María Martinelli e Germán Vargas Larios (orgs.), *Antología de política económica* (Cidade do México, UAM-Iztapalapa, 1997), p. 18.

[80] Jean Saint Geours, *Le politique economique*, citado por Samuel Lichtensztejn, "Enfoques y categorías de la política económica", p. 18.

[81] Ibidem, p. 17-8.

À luz dos elementos anteriores, não é difícil perceber que "a política econômica tem a ver com os elementos de ordem econômica, os quais, por sua vez, são necessariamente políticos; é um panorama simultâneo dos planos que estão perfeitamente integrados e que não podem ser isolados um do outro"[82]. É importante destacar isso em tempos em que se enfatiza o aspecto técnico-administrativo da política econômica, relegando-se seu aspecto político.

Uma rápida visão dos instrumentos que se utilizam em política econômica nos mostra o seguinte[83]:

Campo de aplicação	Instrumento
Monetário	Taxas de juros
Fiscal	Impostos (pessoas e empresas) Gasto público
Comércio exterior	Tipo de câmbio Nível de tarifas de importação
Investimento estrangeiro	Impostos sobre lucros e dividendos Empréstimos
Consumo	Impostos de compra e venda Seguridade social
Mão de obra	Taxas salariais
Produção	Subsídios Controle de preços
Investimento	Taxa de juros Isenção de impostos Investimento público

---

[82] Germán Vargas Larios, "Notas de clase de Samuel Lichtensztejn: los enfoques de política económica", em Rosa María Magaña Alvarez, José María Martinelli e Germán Vargas Larios (orgs.), *Antología de política económica*, cit., p. 51.

[83] Síntese construída com base em H. B. Chenery, "Política y programas de desarrollo", *Boletín Económico de América Latina*, Santiago, Cepal, mar. 1958, v. III, n. 1, citado em F. J. Herschel, "Política económica", em Rosa María Magaña Alvarez, José María Martinelli e Germán Vargas Larios (orgs.), *Antología de política económica*, cit., p. 122-3.

O campo de ação da política econômica é extenso e cobre praticamente todos os terrenos que o capital percorre em seu ciclo e em sua reprodução. Isso significa que por meio dos instrumentos de política econômica é possível ajudar o capital para que seu trânsito pelo ciclo seja mais fluido e favorável a suas necessidades.

Para tanto, o capital deverá zelar para que seus interesses prevaleçam no aparato do Estado, a fim de que este impulsione políticas econômicas favoráveis a seus projetos de reprodução. Assim se manifesta a imbricação do econômico e do político na política econômica.

Aqui falamos de capital em geral. Porém, no nível de análise de um padrão de reprodução, é necessário distinguir frações do capital e setores. Entre as primeiras estão o capital financeiro e/ou bancário, o capital industrial, o agrícola e o capital comercial. Entre os segundos estão o grande capital, o médio capital e o pequeno capital.

Tais diferenciações são importantes porque a política econômica não pode resolver da mesma maneira as necessidades de reprodução de todas essas frações e setores. Alguns setores ou frações se verão mais favorecidos e outros mais prejudicados. Isso significa, da perspectiva do campo da política, que no nível do Estado os setores mais favorecidos contam com maiores cotas de poder e as fazem sentir na aplicação de políticas econômicas que melhor propiciem seu desenvolvimento ou sua reprodução particular.

Não existe uma política econômica única, mas sim várias, dependendo das correntes econômicas das quais derivem. Considerando as ênfases, no Estado ou no mercado, sem pretender um exame exaustivo, temos o seguinte:

Ênfase na ação estatal	Ênfase na ação do mercado
Keynesiana	Liberal
Estruturalista	Neoliberal
Neoestruturalista	Monetarista

O importante dessa distinção é pôr em destaque que, em cada uma dessas escolas ou correntes de política econômica, os instrumentos assinalados no quadro anterior se aplicam de maneiras distintas.

Mas cabe fazer a pergunta: o que define que em determinado momento predomine e se aplique uma corrente de política econômica ou outra? A resposta se encontra na economia e na política. Na economia porque distintos padrões de reprodução do capital requerem políticas econômicas diferentes; e na política pelo fato de que as exigências dos setores do capital que se convertem em eixos de determinado padrão tendem a buscar as maiores cotas de poder estatal para, dessa forma, lograr a aplicação das políticas econômicas que melhor se ajustem a suas necessidades de reprodução.

Um padrão de industrialização como o que se impulsionou na América Latina entre os anos 1940 e 1970 requeria, por exemplo, políticas econômicas protecionistas em termos de tarifas de importação; forte intervenção do Estado em matéria de investimentos; um tipo de bancos de desenvolvimento com créditos a baixas taxas de juros para as empresas; um sistema bancário com condições de fomentar o consumo individual mediante empréstimos brandos; políticas salariais que permitissem a incorporação de segmentos operários ao consumo e, dessa forma, alcançar uma ampliação do mercado interno; na mesma linha, um Estado que impulsionasse políticas sociais que ampliassem a demanda dos assalariados (aposentadorias, benefícios sociais etc.).

Medidas de política econômica como as anteriores, que tiveram papel substantivo em propiciar e resolver gargalos da reprodução do capital sob um padrão industrial, são diametralmente distintas das que se aplicam na América Latina de maneira generalizada desde os anos 1980, ainda vigentes nas primeiras décadas do século XXI. Na nova situação, a política econômica aponta para a redução do papel dos assalariados no consumo e de sua participação no mercado; propicia-se uma concentração da renda, processo que, unido ao anterior, gera uma polarização social aguda; os setores sociais já não são protegidos mediante tarifas de importação, e sim se reduzem significativamente; a concorrência e o mercado, se diz, é que devem destinar os recursos, o que faz com que se retirem subsídios e diversas formas de proteção à produção industrial; parte substantiva da produção é voltada para o mercado mundial, fazendo com que se apliquem medidas de política econômica que fomentem as exportações; e, à medida que o discurso do livre-comércio ganha terreno, também se fomenta a abertura de fronteiras para as importações.

Essa rápida observação apenas pretende pôr em destaque as diferenças de políticas econômicas em função das mudanças no padrão de reprodução do capital. As necessidades econômicas de cada padrão são distintas em relação ao que requerem de instrumentos apropriados para suas necessidades específicas.

Tais mudanças econômicas supõem fortes enfrentamentos sociais no plano político, já que tanto a mudança de padrão como a mudança de políticas econômicas implicam para certos agrupamentos humanos (classes, frações, setores, grupos) a perda de posições, quando não sua liquidação, e o avanço de outros. Isso, mais cedo do que tarde, deverá expressar-se em mudança de forças no âmbito do Estado, o centro ou ponto fundamental de condensação do poder político e do exercício da hegemonia.

Padrões de reprodução e impactos territoriais

Cada padrão de reprodução do capital apresenta especificidades quanto ao uso que faz do espaço geográfico. O capital intervém no território de maneiras diversas, segundo as necessidades particulares que sua metamorfose exige.

Assinalemos alguns exemplos. É possível distinguir ao menos duas modalidades assumidas pelo padrão agromineiro exportador, que foi aquele com que a América Latina se inseriu no mercado mundial logo após os processos de independência: economias que requerem um uso extensivo de territórios e outras que requerem um uso intensivo. Entre as primeiras estão as grandes plantações de trigo e os campos de criação de gado. Entre as segundas, os enclaves mineiros são o modelo típico.

Em todos os casos é necessária uma infraestrutura (preferencialmente instalações ferroviárias e rodoviárias) que estabeleça a conexão entre os espaços produtivos e os portos, principal zona de saída das exportações e de chegada das importações, o que converte muitos deles em importantes centros comerciais, financeiros e populacionais.

Em diversos casos, particularmente quando certos minerais encontram-se em zonas afastadas dos centros urbanos, desenvolve-se a infraestrutura para concentrar mão de obra abundante, criando-se verdadeiros povoados mineiros, que têm como correlato a proletarização de setores campesinos ou semicampesinos ao serem afastados de sua relação com a terra como forma de subsistência e passarem a depender do salário.

Essa modalidade de uso do território difere daquela que se estabelece quando consideramos o padrão de industrialização entre os anos 1940 e 1970, nos quais aparecem corredores industriais, em razão da necessidade de contar com matérias-primas e demais insumos em uma economia em escala que busca tornar seus abastecimentos mais baratos. Tais corredores, por sua vez, emergem em zonas urbanas ou semiurbanas devido à necessidade de contar com uma mão de obra abundante, assim como graças à proximidade com os mercados para os quais se produz.

Investimentos estatais em plantas siderúrgicas, eletricidade e outros energéticos, água, rodovias e infraestrutura urbana constituem requisitos básicos desse padrão.

Tal situação sofre modificações significativas se considerarmos o padrão exportador de especialização produtiva que se estabelece na América Latina nas últimas décadas do século XX e no início do século XXI[84]. O fato de ser um padrão com vocação exportadora (mas que requer, por sua vez, grandes quantidades de importações de bens de consumo, assim como de meios de produção) exige uma forte infraestrutura em portos, aeroportos e rodovias.

Com relação aos primeiros, assinalou-se que "os grandes portos concentradores" ou "portos-eixos", que se "caracterizam pela capacidade de concentrar carga

---

[84] Uma visão abrangente do problema pode ser vista nos diversos ensaios reunidos em Carlos A. de Mattos, Daniel Hiernaux e Darío Restrepo (orgs.), *Globalización y territorio. Impacto y perspectivas* (Santiago, Universidad Católica de Chile, 1998).

cuja origem ou destino ultrapassa a hinterlândia ou zona de influência tradicional e alcança lugares distantes dentro ou fora do país a que pertencem [...] se converteram no novo paradigma de desenvolvimento do transporte e do comércio marítimo latino-americanos"[85].

Atualmente "não há país [latino-americano] sem algum projeto de porto-eixo em seus litorais", destacando-se no Pacífico os portos de "Mejillones no Chile, Callao no Perú, Manta e/ou Guayaquil no Equador, Buenaventura na Colômbia"[86], entre os mais mencionados.

Tais portos, que devem ter a capacidade para receber barcos cada vez maiores e com elevada capacidade de carga, também contemplam países centro-americanos, muitas vezes em ligação com outras obras de infraestrutura em matéria de transporte multimodal. Destacam-se o projeto de "um canal interoceânico" na Nicarágua e "uma ponte terrestre ou canal seco que implicaria a construção de ramais ferroviários e portos concentradores [...] no litoral do Pacífico e do Atlântico"[87].

"No Panamá, por sua vez, se avançou no projeto de transformação do porto de Balboa em um eixo regional", o qual "se verá fortalecido com a modernização da estrada de ferro que o vincula com o Terminal Internacional de Manzanillo, situado na costa do Atlântico"[88].

Por último, mencionemos que "no sul do México se colocou a possibilidade de desenvolver o corredor do istmo de Tehuantepec mediante a reconversão dos portos de Salina Cruz (Pacífico) e Coatzacoalcos (Golfo do México) e a modernização do eixo rodoviário e ferroviário que une esses dois portos"[89].

Os três últimos projetos superam as necessidades de reprodução local do capital e se inscrevem em tendências que respondem às necessidades do sistema mundial capitalista em tempos de mundialização.

Em alguns casos as *maquiladoras** assumem um papel preponderante, concentrando-se em faixas fronteiriças que facilitam e barateiam o transporte[90]. Em

---

[85] Carlos Martner, "Puertos pivotes en México: límites y posibilidades", *Revista de la Cepal*, Santiago, Cepal, n. 76, abr. 2002.
[86] Idem.
[87] Idem.
[88] Idem.
[89] Idem.
* Termo usual no espanhol para referir-se às indústrias que apenas montam partes componentes, explorando mão de obra barata nos países dependentes, no contexto de segmentação da produção global, e que têm nas montadoras de automóveis e produtos eletrônicos dois de seus exemplos mais notórios. (N. T.)
[90] Em 1994, de 171 plantas *maquiladoras* ligadas à indústria automobilística no México, 123 se concentravam na fronteira norte, junto ao território dos Estados Unidos, e só 48 se localizavam

outros casos, as atividades ligadas às exportações se realizam no interior do território, o que exige sistemas rodoviários aptos para o uso intensivo de um elevado fluxo de caminhões de carga.

Tudo isso põe em evidência que o mapa que o capital termina desenhando sobre o território difere de um padrão a outro, gerando, por sua vez, padrões de distribuição espacial[91].

Ainda que algumas enervações se mantenham, são redefinidas nas novas localizações ou relocalizações de que a reprodução necessita, e terminam articulando-se com as exigências das novas modalidades de reprodução.

Sistema mundial capitalista e divisão internacional do trabalho

Do valor: economias imperialistas, economias subimperialistas e economias dependentes

A consideração do sistema mundial (capitalista) na análise introduz um conjunto de problemas de significativa relevância no tema que nos ocupa. Esse sistema constitui uma unidade heterogênea sob várias perspectivas, sendo que a mais relevante delas se refere à imbricação que estabelece entre núcleos econômico-espaciais, o chamado centro, com a capacidade de se apropriar – mediante diversos mecanismos – de valores produzidos em outras extensões econômico-espaciais, as chamadas periferias ou economias dependentes. Assim, temos um sistema mundial que opera com núcleos de acumulação de valor em contraste com amplos territórios que sofrem de desacumulação.

É como resultado dessa heterogeneidade intrínseca ao sistema mundial capitalista que se gestam diversas modalidades de desenvolvimento capitalista, seja com referência às regiões ou nações que possuem a capacidade de atrair valores, seja àquelas que não têm a capacidade de retê-los. A isso remetem, por exemplo, as noções de economias imperialistas e economias dependentes. As economias subimperialistas situam-se em uma posição que lhes permite a subtração de valor de economias periféricas, sendo despojadas dele pelas economias centrais. Todas são capitalistas, porém operam e se reproduzem de diferentes maneiras.

---

no interior do país. Serafin Maldonado, "La rama automovilística y los corredores industriales en el noroeste de México", *Comercio Exterior*, v. 45, n. 6, jun. 1995, p. 490.

[91] Ver, sobre o tema, Miguel Ángel Corona Jiménez, "Efectos de la globalización en la distribución espacial de las actividades económicas", *Comercio Exterior*, v. 53, n. 1, jan. 2003.

Os processos que permitem a transferência de valores de uma região e uma economia para outras variam no tempo. Se na etapa colonial isso era possível por meios preferencialmente políticos (as colônias entregando tributos e impostos às metrópoles ou sofrendo despojos de riquezas e metais preciosos pela simples condição colonial), posteriormente tal processo tende a se apoiar de maneira predominante em mecanismos econômicos (deterioração nos termos de intercâmbio ou intercâmbio desigual, pagamento de *royalties*, transferências devido ao monopólio de conhecimentos, juros da dívida etc.).

Essa situação tem repercussões nas condições em que se desenvolvem os padrões de reprodução, seja no centro, seja no mundo dependente, incidindo nos níveis de acumulação, condições de exploração e superexploração da força de trabalho, nos tamanhos e modalidades de constituição dos mercados internos e externos, enfim, no conjunto de fatores que incidem na reprodução do capital.

Portanto, determinar o papel de uma economia na repartição do valor em nível mundial, assim como o papel dos mecanismos que podem beneficiá-la ou afetá-la em termos de acumulação ou desacumulação, é uma variável de importância significativa no momento de analisar como o capital se reproduz.

Do valor de uso: a divisão internacional do trabalho

O sistema mundial capitalista, porém, não é somente distribuição desigual de valor. Também diz respeito a modalidades diversas de produção de valores de uso, com implicações na distribuição do valor, o que nos leva ao tema da divisão internacional do trabalho (DIT) gestada em diversos momentos históricos.

A monopolização de determinadas linhas de produção (e a produção, por conseguinte, de determinados valores de uso) pelas regiões centrais caminha de mãos dadas com a concorrência que se produz no mundo dependente em torno de linhas de produção e de bens, sejam primários, secundários ou terciários. Isso coloca em evidência que a DIT não é somente uma distribuição de funções diferenciadas no nível do sistema mundial, em matéria de valores de uso, mas tem também implicações no campo do valor enquanto tal. Manter prerrogativas monopolistas sobre determinados bens ou conhecimentos tem implicações na capacidade de apropriação do valor.

Isso não significa desconhecer que certas economias dependentes podem contar com vantagens naturais, como jazidas de petróleo, o que lhes permite limitar em períodos conjunturais a transferência de valores ao centro no terreno comercial. Entretanto, tais limitações não impedem que outros mecanismos sigam operando (como a capacidade de empresas financeiras do centro captarem os excedentes obtidos por economias dependentes no comércio internacional), de modo que o processo heterogêneo de acumulação-desacumulação continue operando em médio e longo prazos.

Tudo isso evidencia a necessidade de considerar tais problemas na hora da análise das condições, no nível do sistema mundial, em que se desenvolve determinado padrão de reprodução do capital.

Padrões de reprodução do capital na América Latina

Em situações históricas específicas encontramos, em geral, articulações nas quais se produz a convivência de um padrão de reprodução subordinado com um novo padrão que se converte no dinamizador do processo de reprodução do capital em seu conjunto.

Também é necessário introduzir na análise a noção de transição: momentos em que um padrão não termina de se subordinar e em que o padrão que emerge ainda não domina com clareza.

Em geral, pode-se observar que traços do padrão primário-exportador atravessam a reprodução do capital na região desde o século XIX até nossos dias, no século XXI. Na primeira etapa, como padrão dominante; posteriormente, com tais traços subordinados aos novos padrões existentes, readequando-se às novas condições. Assim ocorre no México, que segue exportando prata, petróleo e hortaliças, em plena marcha do padrão exportador de especialização produtiva, com automóveis, aparelhos de televisão, motores de combustão interna etc. Ou no Chile, que, junto com polpa de madeira, farinha de peixe, uvas e outras frutas e madeiras, mantém a exportação de cobre (refinado e sem refinar) em um nível significativo e, em um nível muito mais abaixo, também a do ouro[92].

Padrão de reprodução dominante	Período que abrange
a) Padrão agromineiro exportador	Até a segunda década do século XX
b) Etapa de transição	Primeira metade dos anos 1930
c) Padrão industrial	Segunda metade dos anos 1930
Etapa internalizada e autônoma	Até os anos 1940
Etapa de integração ao capital estrangeiro	Desde os anos 1950
d) Etapa de transição	De meados dos anos 1970 aos anos 1980
e) Padrão exportador de especialização produtiva	De meados dos anos 1980 até o presente.

---

[92] Cepal, *Anuario estadístico de América Latina y el Caribe 1996*, Santiago.

O quadro anterior representa uma simples enumeração dos padrões-eixos da reprodução do capital que a região percorreu a partir de sua etapa de independência[93]. Cada um desses padrões (e suas subetapas) tem sua lógica interna de reprodução. Entretanto, deve-se considerar que eles fazem parte de um movimento mais geral, o do sistema mundial capitalista, de modo que sua análise deve integrar-se aos processos que marcam o curso de tal sistema, das etapas que vão tendo curso e da lógica que rege cada uma de suas periodizações. O particular da análise não deve separar-se, então, dos processos gerais do qual faz parte.

Isso implica assumir as características que o processo mundial de acumulação de capitais apresenta, bem como a forma heterogênea que dela deriva, no que diz respeito à geração de centros, semiperiferias e periferias ou de centros imperialistas e regiões e nações dependentes e dos movimentos e relações que se produzem no processo histórico entre essas unidades inter-relacionadas.

O sistema mundial capitalista estabelece em seu curso diversas divisões internacionais do trabalho, nas quais adquire sentido o papel fundamental que a América Latina desempenha como região produtora de metais preciosos, matérias-primas e alimentos desde a etapa colonial até a etapa do padrão primário-exportador. A crise desse padrão, a etapa de transição que se gera e a posterior conformação do padrão industrial na América Latina têm lógicas internas, porém estas se articulam com a crise do mercado mundial derivada da longa etapa que vai da Primeira Guerra Mundial à Crise de 1929 e à Segunda Guerra Mundial e que exigem do capital local a geração de um processo de industrialização como forma de reprodução. O atual padrão exportador de especialização produtiva adquire sentido no quadro de revoluções na microeletrônica, que multiplicam e aceleram as comunicações, a redução nos preços dos transportes de mercadorias e um novo estágio do capital financeiro. Tudo isso propiciou integrações mais intensas do mercado mundial, assim como novas possibilidades de segmentação dos processos produtivos, de relocalização de indústrias e serviços, bem como uma elevada mobilidade do capital, processos que foram caracterizados com a noção de mundialização.

Mas, se a observação das mudanças na divisão internacional do trabalho privilegia o foco sobre as mudanças na organização da produção capitalista concebida como produção ou fábrica mundial de valores de uso, isso deve ser complementado com a análise da produção de valor e com os movimentos de apropriação-expropriação que o sistema mundial capitalista gera, assuntos que apresentam particularidades em sua realização em momentos históricos diversos.

---

[93] Considerando a situação dos países de maior desenvolvimento relativo.

Um problema teórico e metodológico da maior importância é desvendar os elementos que tornam possível que as mudanças nos centros imperiais propiciem mudanças nas economias dependentes ou, dito de outra maneira, que "o externo" se "internalize", e como as modificações no mundo dependente repercutem no mundo imperialista, ou como "o interno" (visto da periferia) se "externaliza".

Levantar esses problemas evita mecanicismos, como supor que bastaria conhecer a dinâmica das economias imperialistas para entender o que acontece no conjunto do sistema mundial capitalista – ou sua contraparte: ficar reduzido aos movimentos das regiões dependentes e atribuir-lhes uma autonomia absoluta.

Há de se considerar que tratar de um padrão que adquire formas em diversas economias (por exemplo, o padrão agromineiro exportador) revela traços gerais e comuns. Entretanto, é necessário diferenciar as especificidades com que tal padrão se desenvolve nas diversas formações econômico-sociais. O padrão agromineiro exportador, para continuar com o mesmo exemplo, não teve as mesmas características na Argentina, na Bolívia ou no México. Os valores de uso produzidos em cada um desses casos, suas implicações para dinamizar ou não manufaturas locais ou o tipo de propriedade sobre os principais gêneros de exportação (economias de enclave ou de controle nacional, para assumir a distinção estabelecida por Cardoso e Faletto)[94] e suas repercussões na estrutura de classes e no Estado são elementos que permitem diferenças "nacionais" dentro de um mesmo padrão de reprodução do capital. Em poucas palavras, a busca de tendências e traços gerais não deve supor a perda de capacidade para dar conta das particularidades.

Ondas longas, padrão de reprodução e mundialização

Mencionamos que uma das características da noção de padrão de reprodução do capital é sua função mediadora entre as unidades de análise e categorias mais abstratas (modo de produção, sistema mundial capitalista) e as unidades e categorias menos abstratas (formação econômico-social, conjuntura). Neste tópico, nos deteremos em maior detalhe nessa particularidade e buscaremos evidenciar os problemas que tal função e sua integração com outras unidades e categorias abrem para a análise.

O capitalismo, considerado como sistema mundial, apresentou pelo menos quatro ondas longas desde a etapa propriamente industrial até os nossos dias, com suas respectivas fases A (ascenso) e fases B (declínio)[95]:

---

[94] Fernando Henrique Cardoso e Enzo Faletto, *Dependência e desenvolvimento na América Latina* (Rio de Janeiro, Civilização Brasileira, 2004).

[95] Ver Ernest Mandel, *O capitalismo tardio*, cit., p. 92-3. Também, do mesmo autor, *Las ondas largas del desarrollo capitalista. La interpretación marxista* (Madri, Siglo XXI, 1986), p. 92.

Onda longa	Onda longa	Onda longa	Onda longa
Revolução Industrial	Primeira revolução tecnológica	Segunda revolução tecnológica	Terceira revolução tecnológica
A) 1789 a 1825	1848 a 1873	1894 a 1913	1940-1945 a 1966
B) 1826 a 1847	1874 a 1893	1914 a 1939-1944	1966 a ...?

Essas ondas expressam ciclos no movimento da taxa média de lucro – de incremento e posterior descenso, em períodos que abarcam aproximadamente entre cinquenta e sessenta anos –, a qual, uma vez recuperada, permite investimentos massivos. A passagem de uma onda longa para outra acarreta revoluções tecnológicas aplicadas à produção, que determinam reestruturações dos processos de reprodução do capital em todas as suas dimensões. Assim, por exemplo, a onda longa da primeira revolução tecnológica implicou a aplicação produtiva de maquinaria com motor de vapor; a onda longa da segunda, de motores de combustão interna e elétricos; e a onda longa da terceira implicou o controle de máquinas por meio de aparelhos eletrônicos.

Não é difícil deduzir que tais mudanças na reprodução do capital no mundo central terminarão provocando sérias modificações nos processos de reprodução do capital nas regiões semiperiféricas e dependentes, quando não, inclusive, uma nova divisão internacional do trabalho. Afinal, estamos falando de processos que ocorrem em regiões e economias que se encontram inter-relacionadas e integradas com outras, uma vez que o capitalismo funciona de forma "nacional", mas também como sistema, um sistema mundial.

O que essas ondas longas têm que ver com os padrões de reprodução? Em primeiro lugar, elas expressam ciclos da taxa média de lucro no mundo central, isto é, os ciclos de seus padrões de reprodução, processo no qual intervêm elementos que extrapolam esse mundo e se "internalizam" nas economias dependentes, pela expansão do mercado mundial (mediante integração de novas áreas, de maneira extensiva, ou de áreas já integradas, porém com maior intensidade em sua integração), apropriação de valores gerados fora de suas fronteiras etc. As tendências que levam à queda da taxa de lucro, apesar da presença de elementos que possam neutralizá-la, terminam impondo-se na reprodução capitalista no centro e no mercado mundial, provocando crises e recessões de longa duração.

Enquanto partes nodais do sistema mundial capitalista, o ascenso ou o declínio da taxa média de lucro nas regiões centrais, sob a perspectiva da longa duração, propicia condições tanto para arrastar como para frear os processos de reprodução do capital nas regiões periféricas e semiperiféricas. As ondas longas, definitivamente, evidenciam os ciclos de reprodução do capital como sistema mundial capitalista, isto é, como articulação das particularidades da reprodução do capital no mundo central e no mundo semiperiférico e periférico, porém hierarquizado, com um maior peso dos núcleos geográficos e econômicos que comparecem como eixos da acumulação em nível mundial, os quais se concentram nas economias centrais[96].

O que foi dito não implica supor que, em sua reprodução capitalista, as regiões e nações semiperiféricas e dependentes operarão como simples reflexos do que acontece nos centros do sistema. Porém, seu espaço de ação estará delimitado, em longo prazo, pelos movimentos da reprodução considerada de maneira sistêmica, embora em períodos curtos e conjunturais pareça ultrapassar tais delimitações[97]. Isso ocorre inclusive nas próprias economias centrais. Uma fase depressiva pode implicar que algumas delas apresentem processos de acumulação acelerados[98].

À luz do que foi exposto anteriormente, podem-se observar alguns assuntos relevantes sobrepondo os padrões de reprodução do capital gestados na América Latina à periodização das ondas longas[99].

A primeira onda longa abarca tanto os processos de independência na América Latina como as lutas internas que terminarão conformando Estados nacionais, assim como os primeiros passos da integração das nações formalmente independentes ao mercado mundial. Essa inserção incipiente e as debilidades de um processo interno de acumulação propiciam campos de maior autonomia entre os movimentos do ciclo nas economias centrais e na América Latina.

O padrão primário-exportador que caracteriza essa etapa da história do capitalismo latino-americano se estende até o fim do século XIX e as primeiras décadas do século XX, sobrepondo-se ao segundo ciclo que as economias centrais apresentam. A fase descendente desse segundo ciclo (que culmina em 1893) coincide com o auge do padrão primário-exportador, mas também com a ocorrência das primeiras crises localizadas no âmbito deste último (crise Baring, na Argentina; crise do encilhamento, no Brasil), as quais foram crises sinalizadoras da crise generalizada que acometeu o padrão primário-exportador no conjunto das economias da região.

---

[96] "Essas ondas longas são mais evidentes nas economias dos países capitalistas mais avançados [e] [...] na produção mundial em seu conjunto do que nas economias dos países capitalistas considerados isoladamente", Ernest Mandel, *Las ondas largas del desarrollo capitalista*, cit., p. 2.

[97] Como na bonança vivida pelos países produtores de petróleo diante da elevação do preço do barril, nos anos 1970, em plena crise econômica dos países centrais.

[98] "[...] como foi o caso dos Estados Unidos depois da Guerra de Secessão e do Japão no século XX apresentando taxas de crescimento superiores à média inclusive durante a fase de estagnação de uma onda longa", Ernest Mandel, *Las ondas largas del desarrollo capitalista*, cit., p. 2.

[99] O nível geral das observações que seguem nos impede de entrar nos matizes sobre as diferenças "nacionais", as quais devem ser consideradas em uma análise mais particular. Aqui, pretendemos simplesmente apresentar hipóteses de investigação. Como em casos anteriores, temos como referencial os países latino-americanos de maior desenvolvimento relativo.

Aqui cabe ressaltar que o sistema mundial capitalista apresenta uma clara divisão internacional do trabalho, na qual as economias centrais concentraram seus esforços na produção industrial enquanto ao menos a América Latina especializou-se na produção de matérias-primas e alimentos. Essa primeira DIT será aquela que entrará em crise com a própria crise da segunda e da terceira ondas longas no mundo central e com a crise do padrão primário-exportador na América Latina.

Uma longa etapa de transição se inicia na região anunciando a emergência de um novo padrão, o industrial, o qual, entretanto, não termina de se impor antes do fim da Segunda Guerra Mundial, a qual marca, por sua vez, o fim da fase descendente da terceira onda longa (1940-1945).

A longa etapa de prosperidade capitalista que se inicia na economia estadunidense e que posteriormente também se apresenta na Europa Ocidental e no Japão tem como correlato na América Latina o avanço e a consolidação do padrão industrial e a passagem dos países latino-americanos de uma modalidade internalizada e autônoma (até meados dos anos 1950) a outra, diversificada e mais integrada ao capital estrangeiro (do início dos anos 1950 em diante).

Essa subdivisão remete ao papel significativo dos Estados latino-americanos no impulso à industrialização e no fortalecimento de setores burgueses locais, os quais assumem um papel fundamental diante da retração que os efeitos da guerra provocaram no mundo central. Tal situação sofre mudanças radicais nos anos 1950, quando, diante da necessidade de passar a novas fases na industrialização (criação de máquinas e ferramentas, ou seja, do setor I, meios de produção), os Estados e o capital industrial latino-americanos optam por se associar ao capital estrangeiro, permitindo que equipamentos obsoletos na economia estadunidense, principalmente, resolvessem as necessidades anteriores, para o que abriram as portas do setor secundário ao capital estrangeiro. Isso provoca uma guinada significativa no curso da industrialização latino-americana, com uma acelerada monopolização e mudanças na conformação do mercado interno, uma vez que, se no mundo central a maquinaria importada podia fazer parte da produção de bens necessários, no mundo dependente ela emerge como suporte à produção de bens suntuários (automóveis, produtos elétricos: geladeiras, rádios, televisores etc.), propiciando fissuras e polarizações que terminarão por se aprofundar posteriormente[100].

A longa fase recessiva da quarta onda longa das economias centrais (iniciada na segunda metade dos anos 1960) coincide, *grosso modo*, com a queda do padrão industrial diversificado na América Latina, que se manifestará em crise de crescimento, em crise da dívida externa e na chamada "década perdida", na expressão da Comissão Econômica para a América Latina e o Caribe (Cepal), que se prolonga

---

[100] O tema foi desenvolvido por Ruy Mauro Marini em *Dialética da dependência* (Petrópolis, Vozes, 2000).

em geral até nossos dias. Isso não supõe que não possam produzir-se momentos de crescimento, regionais ou em países determinados. Uma fase recessiva simplesmente implica uma tendência de os ciclos curtos de crescimento tornarem-se ainda mais curtos e os de estagnação ou recessão, mais prolongados. Na fase ascendente de uma onda longa, pelo contrário, as recessões serão mais curtas e os ciclos de crescimento, mais prolongados.

É nessa etapa que emerge, na linguagem da economia e das ciências sociais, o termo "globalização", que à luz dos elementos até aqui considerados abrange conteúdos mais específicos do que o número infindável de ingredientes que em geral se tende a atribuir-lhe, dando conta de tudo e, por isso mesmo, de nada. A noção de mundialização (com a qual abandonamos sua denominação vulgar, a de globalização) remete a uma periodização referida ao processo de expansão do mercado mundial capitalista[101], distinta de outras fases ou etapas dentro desse processo. Com isso, tomamos distância daqueles que supõem a mundialização como inerente ao capitalismo desde suas origens, com o que não haveria nada novo, assim como daqueles que creem ver um fenômeno inédito e alheio à lógica do processo dentro do qual se inscreve: a expansão extensiva e intensiva do mercado mundial. O capitalismo, em sua fase imperialista acentua sua tendência a apropriar-se de novos territórios e de novos mercados, em sua partilha do mundo, o que faz com que a mundialização, a partir dessa perspectiva, se situe no âmbito da fase imperialista do capitalismo, privilegiando a expansão do sistema mundial capitalista.

A mundialização abrange a fase descendente, recessiva, do longo ciclo de expansão capitalista que se iniciou posteriormente à Segunda Guerra Mundial e que teve os Estados Unidos como eixo central da acumulação mundial. Essa fase descendente evidencia o fim de uma modalidade de reprodução do capital no centro, na semiperiferia e na periferia, assim como o fim da DIT que acompanhou tal reprodução no sistema mundial capitalista e das correlações de força que acompanharam esses processos, com a abertura de um período de significativas perdas de posições do trabalho com relação ao capital.

Na mundialização, por sua vez, apresenta-se um período de trânsito no qual o capital, com base em novos avanços tecnológicos, busca as condições para a conformação de novas modalidades de reprodução e de recuperação da taxa média de lucro, propiciando reestruturações que liquidam ou readequam as formas organizativas da reprodução do capital, tanto nas esferas da circulação como na produção, exigindo novas formas de relocalização produtiva, de mobilidade do capital, de exploração da força de trabalho e de reorganização do mercado mundial, aproveitando a expansão deste com a desintegração da ex-União Soviética e a

---

[101] Uma análise mais ampla da noção de mundialização e sua diferença em relação à de imperialismo pode ser vista em Jaime Osorio, *El Estado en el centro de la mundialización*, cit.

incorporação ativa da China, assim como os significativos avanços em matéria de transporte e comunicações.

A mundialização como etapa particular é atravessada, como vimos, por ciclos ou ondas longas e por padrões de reprodução. Contamos, assim, com elementos que nos permitem focar os processos que lhe conferem significado, de modo que a mundialização deixa de ser uma noção que, por pretender dar conta de tudo, acaba, por isso mesmo, não dando conta de nada.

Uma vez que incorpora um período de trânsito e esgotamento de condições de elevação da taxa média de lucro e de não emergência de condições que permitam sua recuperação sustentada, a mundialização supõe para o sistema mundial capitalista um período de incerteza em várias direções.

É nesse quadro de incertezas que emergem, no plano econômico, os signos da conformação de um novo padrão de reprodução na América Latina, que qualificamos como padrão exportador de especialização produtiva, o qual começa a tomar forma a partir dos anos 1970-1980 e que se caracteriza pelo regresso a produções seletivas, seja de bens secundários e/ou primários, seja de relocalização de segmentos produtivos, novas organizações da produção, em geral qualificadas como "toyotismo", flexibilidade laboral e precariedade, economias voltadas à exportação, drásticas reduções e segmentação do mercado interno, fortes polarizações sociais, aumento da exploração e da superexploração e níveis elevados de pobreza e indigência.

Conclusões

Diante da tendência atual – na economia e nas ciências sociais em geral – de converter a análise em investigação de migalhas [*pedacería*], na qual fica relegada à preocupação por aquilo que a articula, a noção de padrão de reprodução do capital privilegia a visão geral sem perder de vista o significado das particularidades, porém estas inscritas em um todo maior no qual adquirem sentido.

A noção de padrão de reprodução coloca o objetivo de buscar a lógica e os eixos que articulam e organizam as formas fragmentadas com que o capital se apresenta em sua metamorfose (em dinheiro, meios de produção, força de trabalho, mercadorias), fragmentação que também acontece quando se privilegiam setores (mineração, agricultura, manufatura, serviços) ou ramos produtivos (alimentício, de vestuário, automobilístico etc.), assim como "temas diversos", como capital financeiro, processos de trabalho, salários, impactos territoriais etc., para mencionar alguns dos que ocupam a atenção dos pesquisadores.

Perguntar-se pela lógica que guia os movimentos de um padrão de reprodução do capital, em sua dinâmica interna e em suas inter-relações dentro do sistema mundial capitalista, não implica desdenhar a especialização que quaisquer dos "temas" ou "fragmentos" antes mencionados, ou outros, pedem. O problema é que essa especialização assume outras características, já que exige situar-se dentro de um todo maior (o processo), do qual os "temas" ou "fragmentos" são parte, o que permite "observar" interconexões e lógicas internas que, vistas de maneira isolada, nem sequer se colocam[102].

Esses são alguns dos principais valores heurísticos da categoria padrão de reprodução do capital, os quais permitem desvendar e periodizar a lógica que guia os movimentos do capital. Com isso, as noções mais abstratas presentes na obra de Marx alcançam as mediações necessárias que favorecem o estudo de situações mais concretas.

---

[102] Com todo o cuidado que exige transpor exemplos da biologia às ciências sociais, pode-se exemplificar o que foi dito por meio da imagem do estudo do olho. Este pode ser descrito de maneira exaustiva em cada uma de suas enervações, tecidos e líquidos, porém nunca se chegará a decifrar a visão, já que ela só adquire sentido como função do olho enquanto parte de um organismo maior.

3

SUPEREXPLORAÇÃO DA FORÇA DE TRABALHO E TRANSFERÊNCIA DE VALOR: FUNDAMENTOS DA REPRODUÇÃO DO CAPITALISMO DEPENDENTE*

Marisa Silva Amaral
Marcelo Dias Carcanholo

Introdução

A teoria marxista da dependência entende a situação dependente como um condicionamento da economia de certos países em relação ao desenvolvimento e expansão de outras economias. Dessa forma, segundo Theotonio dos Santos, os países dominantes poderiam se expandir e se autossustentar, ao passo que os dependentes apenas poderiam fazê-lo como um reflexo da expansão dos anteriores. Mais precisamente, o que ocorre é que a expansão das economias dependentes é um reflexo da lógica contraditória da acumulação de capital em escala mundial[1]. Nos termos de Ruy Mauro Marini, a dependência deve ser "entendida como uma relação de subordinação entre nações formalmente independentes, em cujo âmbi-

---

* O presente texto é uma versão revista e atualizada do artigo "A superexploração do trabalho em economias periféricas dependentes", publicado na revista *Katálysis*, Universidade Federal de Santa Catarina, v. XII, n. 2, 2009, p. 216-25. (N. E.)

[1] Theotonio dos Santos, "The Structure of Dependence", *American Economic Review*, Nova York, maio 1970, p. 231-6.

to as relações de produção das nações subordinadas são modificadas ou recriadas para assegurar a reprodução ampliada[2] da dependência"[3].

Analisando o processo de constituição da economia mundial que integra as economias nacionais ao mercado global, observa-se que as relações de produção são desiguais porque o desenvolvimento de certas partes do sistema ocorre às custas do subdesenvolvimento de outras. As relações tradicionais são baseadas no controle do mercado por parte das nações hegemônicas, e isso leva à transferência do excedente gerado nos países dependentes para os países dominantes, tanto na forma de lucros quanto na forma de juros, ocasionando a perda de controle dos dependentes sobre seus recursos. E a geração desse excedente não se dá, nos países periféricos, por conta da criação de níveis avançados de tecnologia, mas através da superexploração da força de trabalho[4].

Nessas circunstâncias, a acumulação de capital assume suas próprias características. Em primeiro lugar, ela se distingue por profundas diferenças em nível doméstico, no contexto local de um mercado de trabalho barato, combinado com uma tecnologia capital-intensiva. O resultado, do ponto de vista da mais-valia relativa, é uma violenta exploração da força de trabalho, que se dá justamente como consequência do já mencionado intercâmbio desigual e dos mecanismos de transferência de valor que ele reforça. Ocorre que o resultado imediato desses mecanismos é uma forte saída estrutural de recursos, que traz consigo graves problemas de estrangulamento externo e restrições externas ao crescimento. E a única atitude que torna possível às economias periféricas garantir sua dinâmica interna de acumulação de capital é o aumento da produção de excedente através da superexploração da força de trabalho, "o que implica o acréscimo da proporção excedente/gastos com força de trabalho ou a elevação da taxa de mais-valia, seja por arrocho salarial e/ou extensão da jornada de trabalho, em associação com aumento da intensidade do trabalho"[5].

---

[2] Nos termos da teoria marxista, o esquema de reprodução simples envolve um departamento produtor de meios de produção e um produtor de bens de consumo, tendo como principal característica o fato de que toda a mais-valia, apropriada pelos capitalistas, é gasta em consumo improdutivo, ou seja, tudo que é ganho é gasto em bens de consumo. No caso do "esquema de reprodução ampliada", que envolve também os dois departamentos, o capitalista não mais gasta, sob a forma de consumo improdutivo, toda a mais-valia de que se apropria. Esta última é repartida em duas frações, de modo que uma delas corresponde à demanda do capitalista por bens de consumo e a outra é reinvestida em capital constante e capital variável; é, em outras palavras, acumulada. Dessa forma, o que fundamentalmente as torna distintas não é o valor que cada uma delas é capaz de produzir, mas sim o modo como se dá a realização desse valor. Para o entendimento mais detalhado desses esquemas, consultar Karl Marx, *O capital* (Rio de Janeiro, Civilização Brasileira, 1974), livro II, seção III.

[3] Ruy Mauro Marini, *Dialética da dependência*, cit., p. 109.

[4] Idem.

[5] Marcelo Dias Carcanholo, "Dialética do desenvolvimento periférico: dependência, superexploração da força de trabalho e alternativas de desenvolvimento", *Anais do IV Colóquio Latino-Americano de Economistas Políticos*, São Paulo, 31 out.-2 nov. 2004, p. 11.

Ou seja, a dinâmica do intercâmbio desigual culmina em superexploração, e não em estruturas capazes de romper com os mecanismos de transferência de valor, e isso implica necessariamente uma distribuição regressiva de renda e riqueza e todos os agravantes sociais já conhecidos de tal processo.

Dadas essas características estruturais da dependência, a intenção é identificar, a partir daqui, os aspectos que explicam o recurso à superexploração do trabalho por parte da periferia para dar prosseguimento ao seu processo interno de acumulação. Ou, mais especificamente, o de perceber as relações existentes entre a superpopulação relativa e os mecanismos de superexploração do trabalho característicos da dependência e dos processos de transferência de valor (da periferia para o centro) que lhe são próprios.

O TEMA DA SUPEREXPLORAÇÃO DO TRABALHO E O EXÉRCITO INDUSTRIAL DE RESERVA

O tema da superexploração da força de trabalho, apontada por Marini[6] como a característica estrutural demarcadora da condição dependente vivida pelos países da periferia em relação aos países do centro do capitalismo mundial, guarda relação evidente com a lei geral da acumulação capitalista[7] de Marx, especialmente quando são tratadas a funcionalidade do exército industrial de reserva para a acumulação capitalista e, por outro lado e muito mais importante, sua "disfuncionalidade" no que diz respeito aos impactos perniciosos que provoca na classe trabalhadora em geral.

---

[6] Ruy Mauro Marini, *Dialética da dependência*, cit.

[7] Vale apontar que o que Marx pretendia ao discutir a lógica desse processo era esclarecer que o sistema capitalista tem como lei geral uma produtividade crescente. A tendência é a de que a composição orgânica do capital aumente progressivamente e de que, portanto, aumente a massa de capital constante com relação à massa de capital variável, levando à formação de um exército industrial de reserva (EIR) como impacto da própria acumulação capitalista. Essa população excedente é produto necessário da acumulação e é, simultaneamente, sua própria alavanca, tornando-se condição fundamental de existência do próprio modo de produção capitalista. A dialética da questão – e isto é fundamental – está no fato de que, ao reproduzir esse sistema e permitir que haja ampliação da riqueza ou do capital social, a população trabalhadora produz as condições que a tornam relativamente supérflua a esse mesmo modo de produção. Significa dizer que, quando ocorre um incremento na composição do capital (que é a própria tendência no capitalismo), deve ser ampliada a produtividade do trabalho como instrumento de intensificação do processo acumulativo, em vez de ocorrer uma expansão nos níveis de contratação de trabalhadores que possam ser incluídos no processo produtivo, operando os novos meios de produção, e acrescentados nesse processo. Então, amplia-se a quantidade de máquinas e equipamentos, mas a contratação de trabalhadores não acompanha essa ampliação. Para um aprofundamento na questão, consultar Karl Marx, *O capital*, cit., livro I, capítulo 23.

Tratando especificamente do tema da superexploração do trabalho, Marini nos mostra que ela se dá em função da existência de mecanismos de transferência de valor entre as economias periférica e central[8], levando a mais-valia produzida na periferia a ser apropriada e acumulada no centro. Configura-se, assim, um capitalismo *sui generis* na periferia, justamente porque parte do excedente gerado nesses países é enviada para o centro – na forma de lucros, juros, patentes, *royalties*, deterioração dos termos de troca, entre outros –, não sendo, portanto, realizada internamente. Então, os mecanismos de transferência de valor provocam, digamos assim, uma interrupção da acumulação interna de capital nos países dependentes que precisa ser completada – e, para tanto, mais excedente precisa ser gerado. Essa expropriação de valor só pode ser compensada e incrementada no próprio plano da produção – justamente através da superexploração –, e não no nível das relações de mercado, por meio de desenvolvimento da capacidade produtiva. Em outras palavras, "a apropriação de mais-valia de um capital por outro não pode ser compensada pela produção de mais-valia mediante a geração endógena de tecnologia pelo capital expropriado, estabelecendo-se, de maneira irrevogável, a necessidade da superexploração do trabalho"[9].

A explicação para esse fato passa fundamentalmente pela análise da concorrência intrassetorial (dentro de um mesmo setor produtivo) e a da concorrência intersetorial (entre setores distintos de produção) e se articula necessariamente com a análise da tendência à queda da taxa de lucro[10] – que, embora não seja tratada neste

---

[8] Embora a existência do intercâmbio desigual se constitua, de fato, numa forma de exacerbar e fortalecer "a sede de acumulação" e a exploração do trabalho, que daí deriva, Marini nos mostra que "não é, a rigor, necessário que exista o intercâmbio desigual para que comecem a funcionar os mecanismos de extração de mais-valia [...]; o simples fato da vinculação ao mercado mundial e a consequente conversão da produção de valores de uso à produção de valores de troca que implica têm como resultado imediato desatar um elã de lucro que se torna tanto mais desenfreado quanto mais atrasado é o modo de produção existente", Ruy Mauro Marini, *Dialética da dependência*, cit., p. 124.

[9] Carlos Eduardo Martins, "Superexploração do trabalho e acumulação de capital: reflexões teórico-metodológicas para uma economia política da dependência", *Revista da Sociedade Brasileira de Economia Política*, Rio de Janeiro, n. 5, dez. 1999, p. 121-38.

[10] À medida que se desenvolve o modo de produção capitalista, percebe-se – e isto já foi mencionado em nota anterior – que a classe capitalista tende a ampliar sua produtividade como forma de ampliar também a acumulação de capital, de modo a produzir mais mercadorias num mesmo intervalo de tempo. Esse aumento de produtividade se configura, em primeira instância, numa ampliação da relação entre meios de produção e força de trabalho (MP/FT), utilizados no processo produtivo. Isso significa dizer que a composição orgânica do capital, ou a relação entre capital constante (c) e capital variável (v) investidos, também se amplia, mesmo que seja em proporção menor do que aquela outra. Ou seja, o que se percebe é uma maior participação de c em relação ao capital global – e, portanto, uma participação reduzida dos salários em relação a este último. E, como a taxa de lucro é uma função da taxa de mais-valia e da composição orgânica do capital, *pressupondo uma taxa de mais-valia constante*, o crescimento da composição orgânica do capital leva necessariamente à queda da taxa de lucro.

ensaio por absoluta falta de espaço, merece ser aqui pelo menos apontada, pois é o eixo através do qual se desenvolvem os tipos de concorrência antes mencionados.

Na concorrência intrassetorial, o aumento da produtividade em determinado setor propicia, do ponto de vista de cada capitalista particular, a criação de mais produtos no mesmo intervalo de tempo. Essa circunstância permite ao capitalista reduzir o valor individual de suas mercadorias a um nível inferior ao valor de mercado e, portanto, apropriar-se de uma mais-valia extraordinária (ou superlucro), quando da realização desses produtos no mercado[11]. Considerando que o mesmo ocorra com cada capitalista separadamente, o aumento de produtividade – estimulado pela possibilidade de apropriação de superlucro – generalizar-se-ia no ramo de atividade, determinado até o ponto em que houvesse excesso de mercadorias e que, por isso, elas tivessem seus preços rebaixados a um nível inferior ao de seus valores individuais, de modo a haver necessariamente uma queda na taxa de lucro para o conjunto do setor.

Lançando mão de certa formalização para o entendimento dessa ideia, temos que três empresas distintas (I, II e III) produzem uma mesma mercadoria A (M_A) e se encontram, portanto, no mesmo setor produtivo – com níveis distintos de produtividade, de modo que, para cada empresa, o tempo de trabalho necessário para a produção de M_A é diferente. Sendo assim, I, II e III produzem valores (V) distintos, os quais são medidos em horas de trabalho, tal como segue:

$$V_I = 4 \text{ horas}$$
$$V_{II} = 6 \text{ horas}$$
$$V_{III} = 8 \text{ horas}$$

$$V_I + V_{II} + V_{III} = 18 \text{ horas}$$
$$TTSN = 6 \text{ horas}$$

Essa é a lei da queda tendencial da taxa de lucro. Ver Marcelo Dias Carcanholo, *Causa e formas de manifestação da crise: uma interpretação do debate marxista* (dissertação de mestrado, Rio de Janeiro, Faculdade de Economia – Universidade Federal Fluminense, 1996), p. 15, grifo nosso. Isso posto, vale lançar a ideia de que a ampliação da superpopulação relativa contribui para que haja elevação da taxa de lucro – contrariando sua tendência à queda –, de modo que esse objetivo final justifica, do ponto de vista capitalista, os próprios mecanismos de superexploração fortalecedores do EIR, considerando que a possibilidade de auferir maiores lucros forma uma relação direta com a possibilidade de engrossar o exército de reserva e reforçar a expropriação do trabalho. Essa tendência à queda da taxa de lucro foi brilhantemente percebida por Marx e tratada em toda a terceira parte do livro III de *O capital*, sob a denominação de Lei da Queda Tendencial da Taxa de Lucro (LQTTL). Os fatores que contrariam essa lei de tendência são mencionados no capítulo 14 de *O capital*, cit.

[11] O valor individual refere-se à quantidade de trabalho necessária para a produção de uma mercadoria numa empresa específica; o valor de mercado é a média de todos os valores individuais de todas as empresas conjuntamente (é o trabalho socialmente necessário); e a mais-valia extraordinária é a diferença entre esses dois valores quando de sua realização no mercado.

O valor total produzido nesse setor é de 18 horas, e o tempo de trabalho socialmente necessário (TTSN)[12] para a produção de uma mercadoria é de 6 horas – correspondente à média do tempo total gasto por todas as empresas desse mesmo setor. A empresa I é a mais produtiva, dado que despende menos tempo do que as outras para produzir uma mercadoria. Tendo sido calculado o valor de mercado (V_M) de uma mesma mercadoria (M_A) em 6 horas (correspondentes ao TTSN), é possível afirmar que a empresa I, portanto, apropria-se de um valor superior àquele que produziu. Ou seja, ela produz uma mercadoria no valor de 4 horas, vende-a pelo V_M de 6 horas e, assim, apropria-se de um valor extra de 2 horas, sendo que estas últimas correspondem àquilo que Marx chamou de mais-valia extraordinária, medida pelo valor de mercado do qual se subtrai o valor da mercadoria quando sai da empresa. A mais-valia extra se dá, portanto, quando uma empresa se apropria de um valor superior ao que produziu. Seguindo a mesma ideia, a empresa III é a menos produtiva, com um TTSN de 8 horas, de modo que perde 2 horas em termos de valor, isto é, o valor que produz é maior do que o V_M. A empresa II não tem do que se apropriar de forma extraordinária, haja vista que o valor que produz é exatamente igual ao valor de mercado de A. Isso nos remete à primeira lei geral do processo de produção da riqueza apontada por Marx: por conta do processo de concorrência em busca da mais-valia extra, as empresas procuram incessantemente aumentar sua produtividade, explicando-se, assim, a queda no V_M das mercadorias e, por conseguinte, a queda na taxa de lucro das empresas pertencentes ao setor em questão.

O ponto crucial desse esquema está na noção de redistribuição que ele nos aponta. É possível notar, com base no que foi dito, que os capitais mais produtivos se apropriam de um valor superior ao que produziram, sendo o contrário verdadeiro para o caso dos capitais menos produtivos. Ocorre que a apropriação se dá justamente como resultado de algo produzido anteriormente, ou seja, não é possível a um capital se apropriar de um valor que não foi gerado. Sendo assim, se um capital se apropria de um valor superior ao que produz, de um valor maior que a sua contribuição quando da formação da massa total de valor gerada, significa que, por outro lado, há um capital gerando um valor sem se apropriar dele, isto é, há um capital produzindo algo para que os outros capitais mais produtivos se apropriem.

Transpondo esses aspectos para o nível do comércio internacional, devemos agora tratar as empresas I, II e III como pertencentes a países distintos. Desse modo, o capital I, mais produtivo, deve ser entendido como pertencente a um país do centro do capitalismo mundial, o capital III precisa ser tratado como in-

---

[12] O TTSN é o tempo que a sociedade gasta para produzir uma mercadoria e corresponde, portanto, ao valor (V) desta.

serido em um país periférico, exatamente por ser o menos produtivo, e o capital II neutraliza-se diante das colocações que pretendemos fazer, porque produz valor idêntico ao valor de mercado de A, em nada contribuindo com o mecanismo de redistribuição ao qual nos referimos.

Assim, recorrendo ao esquema proposto, ocorre que os países periféricos são aqueles que produzem mais valor (8 horas), tendo em vista que utilizam relativamente mais trabalho vivo do que trabalho morto no processo produtivo – e é justamente o trabalho vivo o único capaz de produzir riqueza nova[13]. Contrariamente, os países centrais (mais produtivos), por utilizarem menos força de trabalho em relação ao que utilizam em meios de produção – isto é, por terem alta composição orgânica do capital (c/v) –, geram menos valor (4 horas). Contraditoriamente, quando se atinge o nível da apropriação da riqueza gerada, o processo tendencial se dá de maneira inversa: os países periféricos, embora produzam mais valor, não se apropriam dele, pois são incapazes de produzir mercadorias cujo valor esteja abaixo de seu valor de mercado; são, portanto, incapazes de reduzir seu TTSN. Inversamente, os países centrais, embora produzam menos valor, garantem sua apropriação baseados num TTSN que se encontra abaixo da média do setor, estando, assim, abaixo do V_M da mercadoria A.

Portanto, torna-se cabível afirmar que a apropriação empreendida por parte dos países centrais se dá justamente às custas da ausência de apropriação por parte dos periféricos. Se assim o é, parece-nos correto dizer que a periferia produz valor que não será apropriado por ela internamente, mas transferido para os países do centro e por eles acumulado.

O mesmo ocorre no nível da concorrência intersetorial. Recorrendo ao esquema marxista da transformação dos valores em preços de produção e utilizando a fórmula c + v + m (na qual c representa o capital constante, v representa o capital variável, c + v expressa, portanto, o capital total investido e m diz respeito à mais-valia resultante de um período produtivo), que nos mostra o valor (V) produzido ao final de cada estágio de produção, temos que três empresas

---

[13] O *trabalho vivo* vincula-se ao conceito de capital variável e diz respeito ao trabalho exercido pelo operário no processo produtivo. Trata-se, portanto, da própria fonte de valor, concentrando-se nele toda a capacidade de fazer com que o capital se expanda. Já o *trabalho morto*, relacionado ao conceito de capital constante, refere-se à utilização de máquinas, matérias-primas e demais meios de produção durante o processo produtivo. Por seu uso e desgaste, os elementos que constituem o trabalho morto apenas transferem valor para as mercadorias criadas ao longo do processo. Esse valor transferido só existe porque foi anteriormente produzido pelo trabalho vivo utilizado na criação de tais meios de produção. Essa relação entre força de trabalho e meios de produção (ou trabalho vivo e trabalho morto) leva Marx a formular a famosa assertiva de que "o capital é trabalho morto, que apenas se reanima, à maneira dos vampiros, chupando trabalho vivo e que vive tanto mais quanto mais trabalho vivo chupa", Karl Marx, *O capital* (São Paulo, Abril Cultural, 1983), livro I, v. I, p. 189.

distintas (I, II e III) produzem as mercadorias A (M$_A$), B (M$_B$) e C (M$_C$), respectivamente – e se encontram, portanto, em diferentes setores produtivos. Elas o fazem com níveis distintos de produtividade, com uma mesma massa de capital total inicial de 100 unidades – distribuídas entre capital constante e capital variável, de maneira diversa para cada empresa individualmente, dado que, como já dito, seus níveis de produtividade são igualmente distintos, ou melhor, são empresas que se encontram em setores de diferentes níveis de produtividade, uns tecnologicamente mais avançados, outros não – e com uma taxa de mais-valia (m') de 100%[14], da maneira que segue:

	M	c + v	m' (= m/v)	m	V	l'	PP	PP - V
I	A	60c + 40v = 100	100%	40	140	40%	150	+ 10
II	B	50c + 50v = 100	100%	50	150	50%	150	0
III	C	40c + 60v = 100	100%	60	160	60%	150	- 10

A empresa I se encontra, no caso, num setor tecnologicamente mais avançado e, portanto, mais produtivo, dado que a massa de capital constante investido (60 unidades) é superior à massa de capital variável (40 unidades) ou, em outras palavras, o gasto com MP é relativamente superior ao gasto com FT, de modo que a composição orgânica do capital (c/v) é mais elevada. Seguindo o mesmo raciocínio, a empresa III se estabelece num setor de mais baixa produtividade, tendo em vista que a massa de capital constante (40 unidades) é inferior à massa de capital variável (60 unidades), de tal forma que o dispêndio com FT supera em termos relativos o gasto com MP.

Como a produção de mais valor depende da utilização da força de trabalho no processo produtivo e, mais do que isso, só pode se dar por intermédio dessa utili-

---

[14] Convém lembrar que a mais-valia é derivada do capital variável, do trabalho vivo empregado na produção de mercadorias, e apenas desse trabalho (ou desse capital), sendo expressa numa proporção dele. O que ocorre é que parte da jornada de trabalho é voltada para a própria reprodução do trabalhador, produzindo um valor equivalente ao da FT, e a outra parte, o trabalho excedente, destina-se ao capitalista, à produção de mais-valia. Sendo assim, a mais-valia é a parte excedente do trabalho vivo (ou do capital variável) da qual se apropriam os capitalistas, e a taxa de mais-valia (m') expressa exatamente a relação entre a mais-valia e o capital variável (m/v). Quando consideramos que a taxa de mais-valia é de 100%, isso significa que, numa jornada de trabalho de oito horas, quatro horas correspondem ao tempo de trabalho socialmente necessário para que a força de trabalho se reproduza, e as quatro horas restantes dizem respeito ao trabalho excedente (por meio do qual o trabalhador gera mais-valia), do qual se apropria o capitalista. Desse modo, o valor da mais-valia produzida é, nesse caso, exatamente igual ao valor da força de trabalho ou ao tempo despendido por ela para fazer face às suas necessidades de autorreprodução.

zação, fica evidente que a empresa I, mais produtiva, aquela que utiliza uma menor massa relativa de trabalhadores no processo, é justamente a que produz menos valor (60c + 40v + 40m = 140V). Contrariamente, a empresa III, menos produtiva, gera mais valor (40c + 60v + 60m = 160V), tendo em vista que a utilização de trabalho vivo é relativamente maior que a de trabalho morto e que, portanto, a massa de mais valia (m) gerada é superior. Então, a produção de valor se dá de maneira mais eficaz nas empresas menos produtivas, sendo o oposto igualmente verdadeiro. Essa é a conclusão parcial a que nos permite chegar o esquema proposto – parcial porque se limita à análise do valor gerado ao final de cada processo produtivo, ainda sem nenhuma referência a respeito de como se dá a apropriação desse excedente.

Partindo, então, para esse nível de análise, temos que a taxa de lucro (l') é a própria mais-valia, considerada em relação a todo o capital empregado (c + v), ou seja, em relação ao capital constante somado ao capital variável – e não mais apenas ao trabalho vivo, como ocorria no caso da taxa de mais valia –, podendo ser expressa por l' = m / c + v. Assim, como consideramos que todas as empresas em seus respectivos ramos de atividade empregam um mesmo capital total de 100 unidades, as variações na taxa de lucro para cada empresa individualmente acompanham as modificações ocorridas em termos da mais-valia produzida por cada uma delas, de modo que aquelas mais produtivas têm taxa de lucro mais baixa e vice-versa. Essa diferenciação em termos de l' estimula a concorrência entre os setores, de modo que capitais mais produtivos (capital I, por exemplo) se transferem para ramos de maior l' (capital III, por exemplo). Ao fazê-lo, provocam a queda na taxa de lucro das empresas pertencentes a este último ramo e a elevação de sua própria taxa de lucro. Esse movimento, por sua vez, faz com que os capitais menos produtivos, agora com l' mais baixa, transfiram-se para ramos mais produtivos, que conquistaram uma elevação em sua taxa de lucro. E essa oscilação segue continuamente até que os setores que competem entre si tenham sua l' igualada[15], cessando o estímulo que faz com que um capitalista vá de um setor para o outro.

Forma-se assim o lucro médio[16] (l_m), que é justamente resultado da média simples das taxas de lucro de cada empresa – considerando, ainda, que capitais de mesmo montante recebem o mesmo lucro médio. Como, no caso, a taxa de lucro

---

[15] O processo de igualação das taxas de lucro entre distintos setores também é uma lei tendencial de funcionamento da economia capitalista, sujeita, portanto, a todos os movimentos de contratendência que lhe são correlatos, como o processo de concentração/centralização do capital.

[16] Vale ressaltar que o lucro médio deve ser entendido como tendência, porque é fruto (ou resultado) de outra tendência, a de que capitais com menor taxa de lucro se transfiram para ramos de atividade que apresentem uma l' maior e que, como tendência, pode não se confirmar, pode ser barrada por fatores contrariantes que evitem ou posterguem sua concretização.

média é de 50%, o l_m é, portanto, igual a 50. A partir disso são formados os preços de produção (PP), e assim nos aproximamos mais da questão sobre a forma como se dá a apropriação do valor gerado. O preço de produção reflete o preço contido na mercadoria quando ela sai da fábrica[17] e pode ser expresso por:

$$PP = c + v + l_m$$

ou, alternativamente,

$$PP = V + l_m - m$$

Daí, percebe-se que, como o capital total investido (c + v) e o lucro médio l_m são os mesmos para cada empresa de cada setor, seus preços de produção (PP) são exatamente iguais em 150 unidades. A partir disso podemos chegar à noção das diferenças em termos de apropriação da riqueza gerada, bastando, para tanto, subtrair dos PP das mercadorias seus valores (V). O resultado dessa matemática simples é o de que "uma parte das mercadorias se vende acima do valor, na mesma medida em que a outra é vendida abaixo"[18]. Há, portanto, valor sendo produzido em III que não é acumulado dentro desse setor (o qual produz um valor de 160 unidades e só consegue realizar 150 unidades dadas pelo PP). Por outro lado, o setor I gera 140 unidades de valor e realiza 150 unidades dadas pelo PP. Então, recorrendo mais uma vez ao fato de que não é possível que um capital se aproprie de um valor que não foi gerado, as 10 unidades acumuladas em I só podem ser as mesmas 10 unidades expropriadas em III. Essa ideia, novamente transposta para o nível do comércio internacional, leva-nos a afirmar, objetivamente, que a periferia (representada pelo setor III, menos produtivo) produz valor que será apropriado nos países do centro (representados pelo setor I, mais produtivo). Objetivamente, o que ocorre é que as economias

---

[17] Notemos que está excluída do PP a mais-valia produzida, justamente porque esta corresponde à fatia da qual se apropria o capitalista. Ela apenas se inclui de maneira indireta na formação do referido preço, pois está embutida no l^m auferido por esse capitalista. Além disso, vale acrescentar que o PP não é correspondente ao preço de venda ou preço de mercado (PM), pois, se ambos fossem iguais, isso implicaria igualdade entre oferta e demanda, fato meramente casual na dinâmica capitalista. Então, as mercadorias não são vendidas pelos seus valores, embora estes expliquem seus preços de produção. Se assim fosse, estaria anulada toda a ideia de Marx a respeito da realização de um valor superior àquele que se tem quando do ingresso no processo produtivo. Os valores simplesmente regulam as oscilações dos preços de mercado, que, por sua vez, flutuam em torno dos valores.

[18] Karl Marx, *O capital* (3. ed., Rio de Janeiro, Civilização Brasileira, 1980), livro III, v. IV, cap. 9, p. 179.

dependentes acabam se especializando na produção de mercadorias com menor avanço tecnológico (dependência tecnológica) e, portanto, estão sujeitas, dada a lei tendencial de igualação das taxas de lucro, a esse tipo de transferência de valor em direção aos países centrais. Com isso, parece-nos irrevogável a visão de dependência desenvolvida por Marini[19], como um processo que responde à lógica de acumulação global através da produção de valores na periferia que são apropriados no centro.

Vale acrescentar que, quando se atinge o nível da concorrência intersetorial, é introduzida a ideia de progresso técnico, inserido e liderado por um capital individual pertencente ou vinculado de forma direta ou indireta ao setor produtor de bens de consumo de luxo. Esse dinamismo se justifica pelo fato de que o setor produtor de bens-salário não tem capacidade de sustentar o progresso técnico incorporado, haja vista que induz a ganhos de produtividade e intensificação do trabalho, os quais acabam por produzir, ao mesmo tempo, uma queda no capital variável (ou na quantidade de força de trabalho) empregado no processo produtivo em relação ao que se investe em capital constante (ou em meios de produção) e um excedente de mercadorias para o qual, consequentemente, não há demanda, tornando-se de difícil realização no mercado. Ou seja, trata-se de um processo contraditório, que amplia a massa de mercadorias produzida ao mesmo tempo que reduz a possibilidade de realização delas mediante a diminuição relativa de força de trabalho na estrutura produtiva.

Ao contrário, o setor produtor de bens luxuosos encontra a capacidade de sustentação do progresso técnico na própria perda de participação do capital variável no processo de produção. Ocorre que a concentração da produtividade (ampliação da composição orgânica do capital, c/v) no setor produtor de bens de luxo (e seus fornecedores de bens de capital) traz à tona a necessidade de se ampliar a escala de produção, a difusão tecnológica e o consumo de matérias-primas por parte desse setor e, na esteira de tal processo, também o consumo de força de trabalho, ao mesmo tempo que é limitada a capacidade de fornecimento de mercadorias por parte do setor produtor de bens-salário – mercadorias essas indispensáveis para a reprodução da força de trabalho, inclusive a utilizada na produção de bens luxuosos –, dados os diferenciais de produtividade existentes entre ambos os setores. Ou seja, a produtividade no setor produtor de bens-salário é inferior àquela relativa ao setor produtor de bens de luxo, tendo em vista que a capacidade de incorporação tecnológica por parte daquele setor é bastante inferior à deste último, uma vez que o primeiro é incapaz de produzir mercadorias em quantidade suficiente para repor as necessidades de reprodução dos trabalhadores incorporados ao segundo,

---

[19] Ruy Mauro Marini, *Dialética da dependência*, cit.

mesmo que consiga baixar seus preços individuais a um nível inferior aos preços de mercado.

Assim, os insumos fornecidos pelos produtores de bens-salário são depreciados e desvalorizados como consequência imediata das ampliações na produtividade, da concorrência e do consequente nivelamento da taxa de lucro entre capitais individuais nesse setor, o que faz com que seja rompida a queda na taxa de lucro – verificada pela análise da concorrência intrassetorial – no setor produtor de bens luxuosos. Isso se explica pelo fato de que, ao cair o valor dos bens-salário, cai também o valor da força de trabalho empregada no setor de bens suntuários, simplesmente porque a reprodução dos trabalhadores torna-se mais barata e uma parcela dos salários pode ser subtraída.

Verifica-se, assim, um aumento da mais-valia relativa no setor de bens luxuosos, obtido em detrimento do setor de composição orgânica mais baixa (o de bens-salário), que sofre perda da mais-valia absoluta, gerada em função de ampliações na produtividade e na concorrência intrassetorial para esse setor específico de produção. Isso conduz a uma situação na qual seus preços são fixados abaixo do valor de suas mercadorias e para a qual a única possibilidade de compensação é a de que os preços da força de trabalho sejam também fixados abaixo de seu valor. Então, a perda de mais-valia absoluta no setor produtor de bens-salário só pode ser compensada pela exploração do trabalho justamente por conta dos encadeamentos que se dão a partir dos níveis de concorrência antes expostos, especialmente a concorrência que se dá entre setores distintos de produção. Sinteticamente, trata-se de um estado no qual são introduzidas, no espaço de circulação, inovações tecnológicas geradas por setores de composição orgânica mais elevada, de modo a estimular um crescimento da produtividade e uma depreciação das mercadorias nos setores de composição orgânica inferior, cuja perda de mais-valia não pode então ser compensada por geração endógena de progresso técnico, mas sim pela superexploração do trabalho[20].

Transportando tais aspectos para o nível das relações entre países ou regiões, podemos dizer que

> os países centrais passam a concentrar, em seu aparato produtivo, os elementos tecnológicos que articulam o crescimento da composição técnica e orgânica do capital que permitem o desdobramento internacional de D em D'. Os países dependentes são objeto dessa articulação e oferecem os elementos materiais para a especialização do centro

---

[20] E é justamente isto, a maior parte do aumento da produtividade num país ou região sendo explicada pela incorporação tecnológica produzida em outro país ou região, que "fundamenta o desenvolvimento dependente de uma região", Carlos Eduardo Martins, "Superexploração do trabalho e acumulação de capital: reflexões teórico-metodológicas para uma economia política da dependência", cit., p. 121-38.

através de sua integração à divisão internacional do trabalho. [...] Diferentemente dos países centrais, onde a relativa homogeneização da base tecnológica permite aos segmentos vinculados ao *setor produtor de bens-salário* responder tecnologicamente às inovações introduzidas pelos segmentos vinculados ao consumo suntuário, criando as bases para um mercado de massas e para a indústria de bens de capital que alavancarão de forma orgânica a industrialização no centro; os países dependentes, ao se integrarem no mercado mundial a partir de grandes desníveis tecnológicos, não poderão responder da mesma forma, recorrendo à superexploração do trabalho.[21]

Feitos esses esclarecimentos, há quatro formas principais de superexploração do trabalho – atuando de forma isolada ou combinada (e esta última parece ser a tendência) – que possibilitam a continuidade do processo de acumulação capitalista na periferia, quais sejam: a) o aumento da intensidade do trabalho; b) o prolongamento da jornada de trabalho; c) a apropriação, por parte do capitalista, de parcela do fundo de consumo do trabalhador – então convertido em fundo de acumulação capitalista –, valendo o comentário de que esse mecanismo atua no sentido de criar "condições através das quais o capital viola o valor da força de trabalho"[22]; e d) a ampliação do valor da força de trabalho sem que seja pago o montante necessário para tal.

A primeira dessas formas de superexploração denota que, numa jornada de trabalho constante, o trabalho é intensificado e o trabalhador passa a produzir mais valor num mesmo espaço de tempo. A segunda reflete um aumento do tempo de trabalho excedente para além daquele necessário à reprodução do próprio operário, de modo que este "segue produzindo depois de ter criado um valor

---

[21] Ibidem, p. 127.

[22] Jaime Osorio, *Crítica de la economía vulgar: reproducción del capital y dependencia* (Cidade do México, Miguel Angel Porrúa/UAZ, 2004), p. 95, aqui em tradução livre. A efetiva queda no valor da força de trabalho e, portanto, a efetiva "violação" da troca de equivalentes só podem se dar pelo aumento da produtividade nos setores produtores de bens-salário, fazendo com que os preços desses bens sejam reduzidos. Desse modo, a reprodução da força de trabalho torna--se mais barata (o proletariado consegue garantir sua subsistência gastando menos recursos) e seu valor diminui, provocando queda nos salários e, consequentemente, aumento relativo da mais-valia. Um arrocho salarial que se dê por outros motivos (o aumento do EIR, por exemplo) não implica queda do valor da força de trabalho. Essas observações nos remetem, inclusive, a uma diferença crucial entre a exploração do trabalho predominante no centro e a exploração do trabalho que predomina na periferia. Osorio nos mostra que, no primeiro caso, a "exploração se apoia no 'aumento da capacidade produtiva', o que pode ser alcançado respeitando o valor da força de trabalho e pode propiciar melhores salários e maior consumo" e, no segundo caso, "as formas de exploração se sustentam na violação do valor da força de trabalho", ibidem, p. 94, aqui em tradução livre. Essa observação não significa que a acumulação no centro e na periferia se dê exclusivamente dessas formas, apenas que a superexploração da força de trabalho, nas economias dependentes, tende a se aprofundar por ser a alternativa de acumulação interna de capital, diante da transferência de valores produzidos na periferia e que são acumulados no centro da economia mundial.

equivalente ao dos meios de subsistência para seu próprio consumo"[23]. A terceira representa um mecanismo através do qual a classe capitalista se vê fortalecida no sentido de impor uma queda nos salários a um nível inferior àquele correspondente ao valor da força de trabalho. A ampliação do exército industrial de reserva (EIR) é um bom exemplo, dado que os trabalhadores empregados se submetem a uma situação de arrocho salarial, tendo em mente a existência de pressão por parte dos desempregados, que se sujeitariam a uma remuneração inferior em troca de trabalho. Finalmente, a quarta forma está relacionada à ideia de que a determinação do valor da força de trabalho é histórico-social e, com o avanço das forças produtivas e, portanto, das necessidades humanas, esse valor sobe e, se não é pago integralmente, temos uma nova forma de superexploração do trabalho.

Neste momento, é relevante dizer que os quatro mecanismos expostos têm como característica fundamental

> [...] o fato de que são negadas ao trabalhador as condições necessárias para repor o desgaste de sua força de trabalho: nos dois primeiros casos, porque ele é obrigado a um dispêndio de força de trabalho superior ao que deveria proporcionar normalmente, provocando-se assim seu esgotamento prematuro; no último, porque se retira dele inclusive a possibilidade de consumir o estritamente indispensável para conservar sua força de trabalho em estado normal.[24]

Significa dizer, de maneira geral, que o trabalho se remunera abaixo de seu valor, e isso, por si só, deixa patente a existência de superexploração.

Recuperados esses mecanismos, torna-se relevante, por fim, relacioná-los mais diretamente com a existência do exército industrial de reserva – abordado por Marx e brevemente reproduzido em nota anterior. Essa relação tem o intuito de completar os apontamentos feitos anteriormente, quando iniciamos o tratamento da superexploração em si, e o de revitalizar a ideia de que a teoria marxista é indispensável ao tratamento da real dinâmica de funcionamento do sistema capitalista de produção e, consequentemente, à explicação dos fenômenos que configuram e caracterizam a condição dependente.

Relacionar o EIR com a superexploração significa mostrar sua ação no sentido de exacerbar as formas ou os mecanismos de extração de mais-valia antes apontados. Sua atuação mais geral é a de fortalecer a ocorrência da superexploração do trabalho e, sendo assim, provoca impactos simultâneos sobre os mecanismos de extensão da jornada de trabalho, de intensificação do trabalho e de queda salarial. Logo, implica elevação da taxa de mais valia (m/v) e consequente elevação da taxa de lucro (l'). Isso ocorre porque, como já foi dito, a existência de uma massa de

---

[23] Ruy Mauro Marini, *Dialética da dependência*, cit., p. 123.
[24] Ibidem, p. 126.

trabalhadores que se encontra excluída, à margem do mercado de trabalho (massa de desempregados), exerce uma pressão sobre aqueles trabalhadores que se encontram efetivamente empregados, forçando a que se submetam a todas as formas de superexploração existentes, sob pena de se verem substituídos e desempregados por "trabalhadores da reserva" num momento futuro. Ou seja, a oferta de trabalho é muito maior do que a demanda, há trabalhadores desempregados (ou subempregados) vivendo em condições de pobreza inferiores às dos assalariados. Tudo isso cria, evidentemente, um ambiente de competição entre os próprios trabalhadores, cada qual na tentativa de se ver empregado, através de manutenção ou de ingresso no mercado de trabalho.

Com isso, fica clara a funcionalidade do EIR para a acumulação capitalista, que se sustenta justamente baseada na superexploração, tanto através de ampliação da mais-valia absoluta quanto da mais-valia relativa. Mais do que isso, esta é a própria tendência do sistema capitalista: ampliar a composição do capital e engrossar a massa de trabalhadores que compõem o EIR para, com isso, ter as portas abertas à ampliação da superexploração baseada nos quatro mecanismos de extração citados e, consequentemente, fortalecer a acumulação.

Considerações finais

Diante do que foi exposto, temos que a superexploração da força de trabalho é a característica estrutural que demarca a condição dependente de um país. Ela ocorre em função da existência de mecanismos de transferência de valor entre as economias periférica e central, levando a mais-valia produzida na periferia a ser apropriada e acumulada no centro. Isso configura uma espécie de "capitalismo *sui generis*" na periferia, por conta da interrupção de sua acumulação interna de capital, que só pode ser completada com a geração de mais excedente no próprio plano da produção, justamente através da superexploração do trabalho.

Vimos ainda que o funcionamento do sistema capitalista tem como lei geral uma produtividade crescente, ou, dito de outra maneira, esse sistema demonstra uma tendência ao incremento da composição orgânica do capital, de modo a aumentar a massa de capital constante em relação à massa de capital variável. O impacto imediato desse movimento da acumulação capitalista é a formação de um EIR que traz consigo a possibilidade crescente de exploração capitalista dos assalariados, seja em termos de extensão da jornada de trabalho, seja pela intensificação do trabalho numa mesma jornada, seja, ainda, em termos de arrocho salarial.

Para além dessa relação imediata entre a superexploração do trabalho e o EIR está a relação entre o próprio EIR e a taxa de lucro. Ao permitir a aplicação de mecanismos intensificadores da superexploração do trabalho, a existência do EIR leva a que seja detida ou temporariamente paralisada a tendência à queda da taxa de lucro, tendo em vista que esta última será tanto maior quanto maiores forem a massa de mais-valia e, como consequência, os graus de expropriação do trabalho. Essa possibilidade de ampliação da taxa de lucro – que é o objetivo capitalista por excelência – acaba por reforçar e até mesmo justificar a ocorrência de superexploração e, portanto, a continuidade na formação da superpopulação relativa fortalecedora desse processo.

Com base nessas formulações acerca da profunda imbricação entre superexploração da força de trabalho e transferência de valor, temos elementos úteis para a abordagem proposta nesta obra. Se a dependência é uma condição estrutural do capitalismo latino-americano, que somente será superada com a superação do próprio capitalismo, o caráter da dependência, por sua vez, muda de forma e de grau no curso histórico. Desvelar essas mudanças no grau e nas formas da superexploração e da transferência de valor constitui, portanto, um passo necessário para a compreensão dos diferentes padrões de reprodução do capital.

4
AMÉRICA LATINA: O NOVO PADRÃO EXPORTADOR DE ESPECIALIZAÇÃO PRODUTIVA – ESTUDO DE CINCO ECONOMIAS DA REGIÃO*

Jaime Osorio

INTRODUÇÃO

Nas últimas décadas do século XX, a América Latina assistiu a uma grande transformação econômica, cujo fundo eram as mudanças propiciadas pela crise capitalista do fim dos anos 1960, a qual exigiu profundas mudanças tecnológicas, a implementação de uma nova divisão internacional do trabalho e uma rearticulação da economia mundial, chamada de mundialização.

Nessa *vorágine* transformadora se põe fim ao projeto de industrialização nas economias latino-americanas e se dá início a um novo padrão exportador de reprodução do capital[1], caracterizado pela especialização produtiva, que apresenta diferenças substanciais em relação ao padrão agromineiro exportador que prevaleceu na região a partir de meados do século XIX até o início do século XX, particularmente devido ao maior grau de elaboração de muitos dos bens exportados. Esse novo padrão exportador, por outro lado, apresenta semelhanças com o anterior, como o peso dos bens agromineiros no total das exportações, aos quais se somam agora alguns bens secundários, seja de produção local, seja de *maquiladoras*.

Neste capítulo, interessa-nos destacar as características desse novo padrão, mas também salientar um assunto de transcendência maior: o peso e o significado de

---

* Este capítulo é uma versão revista, ampliada e atualizada do artigo "El nuevo patrón exportador de especialización productiva", publicado em espanhol pela *Revista da Sociedade Brasileira de Economia Política* (São Paulo, n. 31, fevereiro de 2012, p. 31-64). Tradução de Carla Ferreira e Mathias Seibel Luce. (N. E.)

[1] Sobre a noção de padrão de reprodução do capital, ver o capítulo 2 deste volume, "Padrão de reprodução do capital: uma proposta teórica".

formas de reprodução do capital com viés exportador na história da região e as razões dessa tendência. Em diversas análises e na maioria dos discursos oficiais, a elevação da capacidade exportadora é apresentada como um símbolo de fortaleza econômica, quando não de desenvolvimento. Só é possível sustentar essa perspectiva isolando as cifras do comércio exterior – particularmente das exportações de bens e serviços – do comportamento do resto da economia e, em particular, da deterioração das condições laborais e de vida dos assalariados e da maior parte da população, bem como da estreita relação dessa deterioração com o incremento da capacidade exportadora.

Mais do que economias dinâmicas que se orientam para o desenvolvimento (e que aproveitam as "janelas de oportunidades" abertas pelas novas tecnologias, como certo discurso gosta de destacar), o que temos na América Latina são novas formas de organização reprodutiva que reeditam, sob novas condições, os velhos signos da dependência e do subdesenvolvimento como modalidades reprodutivas que tendem a caminhar de costas para as necessidades da maioria da população.

Na organização capitalista não dá no mesmo constituir economias que destinam montantes importantes de sua produção para os mercados exteriores – sustentando esse processo em uma significativa elevação da produtividade e da intensidade e tendo como contrapartida a manutenção e o aumento do poder de consumo da população assalariada – e sustentar essa capacidade em uma queda dos salários e do consumo dos trabalhadores no mercado interno, em uma tendência à ampliação da exploração e a uma deterioração geral das condições de vida, o que estabelece um limite real ao compromisso do capital na região para integrar, no sentido forte do termo, avanços tecnológicos em um projeto geral ou de nação. Esse último modelo exportador é o que prevaleceu e atualmente domina na região.

As noções de "extrativismo" ou "neoextravisimo"[2], utilizadas de maneira recorrente, nos parecem por demais descritivas e pobres para dar conta da nova situação, pois desvinculam a atual exportação de matérias-primas e/ou alimentos, com seus consequentes efeitos nocivos para o meio ambiente, do fato de que a maior parte dessa produção, gerada em núcleos produtivos reduzidos, é destinada a mercados externos e a um reduzido mercado interno com alto poder de consumo, levando ao declínio dos salários e à conseguinte pobreza geral, uma vez que a população trabalhadora local deixa de comparecer como elemento dinâmico na realização da

---

[2] Ver Eduardo Gudynas, "Caminos para las transiciones post extractivistas", em Eduardo Gudynas e Alejandra Alayza (orgs.), *Transiciones, post extractivismo y alternativas al extractivismo* (Lima, RedGE/Cepes, 2011), e, do mesmo autor, "Diez tesis urgentes sobre el nuevo extractivismo: contextos y demandas bajo el progresismo sudamericano actual", em vários autores, *Extractivismo, política y sociedad* (Quito, Caap/Claes, 2009).

mais-valia. Com isso se sustenta a transferência de valores para os centros imperialistas e o recurso à superexploração como mecanismo de compensação de tais transferências[3] e de suporte para o capital que opera na região enfrentar a concorrência nos mercados internacionais. Assim, é a própria dependência que se reproduz, como modalidade particular do capitalismo e de inserção na acumulação mundial.

O capítulo encontra-se dividido em três seções. Na primeira, destacamos os sinais da conformação do novo padrão de exportação nas últimas quatro décadas, vendo a região em seu conjunto[4]. No segundo, salientamos particularidades e diferenças entre algumas das principais economias da região (Argentina, Brasil, Chile, Colômbia, México)[5] em relação aos valores de uso que exportam, aos mercados para os quais se dirigem e às consequências que isso provoca no plano interno e no campo das políticas externas dos Estados. A precarização das condições de trabalho e de vida da maioria da população constitui o ponto central da terceira seção, assim como a estreita relação desses processos com o dinamismo e a competitividade do padrão exportador no mercado mundial[6]. Na conclusão, destacamos algumas ideias relacionadas ao peso dos padrões exportadores na história regional.

O NOVO PADRÃO EXPORTADOR DE ESPECIALIZAÇÃO PRODUTIVA

A constituição do novo padrão exportador de especialização produtiva marcou o fim do padrão industrial, que, com diversas etapas (internalizada e autônoma; diversificada), prevaleceu na América Latina entre a década de 1940 e meados da

---

[3] Isto é, a violação [*violación*] do valor da força de trabalho. Ver Ruy Mauro Marini, *Dialética da dependência*, cit.

[4] Destacar aspectos gerais da região não significa ignorar que eles adquirem formas particulares no estudo detalhado das economias que a conformam, assuntos que, devido ao sentido geral que privilegiamos aqui, não serão desenvolvidos.

[5] Para a seleção dessas economias, consideramos variáveis como: seu peso no produto da região, tamanho de sua população, diferenças de integração a mercados externos e/ou nível de dinamismo nos últimos quarenta anos. Toda seleção tem algum grau de arbitrariedade e esta não está isenta disso. A não inclusão da Venezuela, que seria cabível de acordo com os critérios anteriores, obedece ao fato de que sua economia encontra-se atravessada pelos processos políticos do que veio a ser chamado por suas autoridades de "construção do socialismo do século XXI", assunto que altera variáveis relevantes, como o investimento, público, privado e estrangeiro, o gasto público, o nível dos salários, a distribuição da renda etc., o que interfere, por sua vez, na forma de reprodução do capital.

[6] Procuramos apresentar estatísticas que vão até 2008, a fim de não introduzir fatores que alterem a comparabilidade nas tendências, como seria o caso da crise mundial iniciada no fim da primeira década do século XXI.

de 1970, nas principais economias da região. Na maioria das economias, o novo padrão exportador implicou uma destruição importante de indústrias ou então seu reposicionamento no projeto geral, processos que foram caracterizados como de desindustrialização.

Em todas as economias, o novo padrão pressupôs o fim da industrialização como projeto de maior autonomia, permanecendo em alguns casos uma parcela industrial relevante[7], particularmente nas economias de maior complexidade, como Brasil e México, porém integradas ou subsumidas e submetidas ao novo projeto exportador, no qual os eixos exportadores constituem, em geral, segmentos de grandes cadeias produtivas globais sob a direção de empresas transnacionais[8].

A CONDIÇÃO EXPORTADORA

Quando se caracteriza o novo padrão como *exportador*, destaca-se que os principais mercados da nova reprodução do capital, de seus setores mais dinâmicos, encontram-se no exterior. É a venda de mercadorias nos mercados mundiais um fator fundamental para a viabilidade do atual projeto. Por isso, o crescimento das exportações foi elevado nas últimas décadas na região.

Tabela 1 – América Latina: valor das exportações totais em anos selecionados (em milhões de dólares)

Ano	Exportações
1980	76.010.700*
1990	150.380.400
1998	308.885.200
2005	643.821.300**
2008	985.476.100

* Cepal, *Anuário estadístico 1999* (a preços constantes de 1995).
** Cepal, *Anuário estadístico 2009*.

---

[7] É necessário distinguir entre um projeto de industrialização que se constitui como o articulador da reprodução do capital – assunto que teve lugar na América Latina entre os anos 1940 e 1960, pelo menos nas economias de maior peso regional – e a presença de indústrias ou estratos industriais subsumidas a padrões de reprodução de outra natureza.

[8] Ver Gary Gereffi, "Las cadenas productivas como marco analítico para la globalización", *Problemas del desarrollo*, México, Instituto de Investigaciones Económicas – Unam, n. 125, abr.-jun. 2001.

São significativos os aumentos no valor das exportações produzidos na região nas últimas décadas, com avanços de 100% em certos períodos, que vão de sete a dez anos, como parte de um padrão de reprodução orientado a mercados externos[9]. Tais resultados foram possíveis após profundas reorganizações do conjunto da economia regional.

Essa tendência também se faz presente quando consideramos o peso que adquirem as exportações regionais como porcentagem do PIB.

Tabela 2 – América Latina: coeficiente das exportações de bens e serviços
1980-2007
(percentuais do PIB a preços constantes)

1980	10,3*
1985	12,9
1990	15,3
1995	15,2**
2000	19,9
2004	21,9
2005	22,6
2006	22,9
2007	23

* Cepal, *Anuario estadístico de América Latina y el Caribe 1999* (cifras em dólares a preços de 1990).
** Cepal, *Anuario estadístico de América Latina y el Caribe 2008* (com base em cifras em dólares a preços de 2000).

Desde o primeiro ano presente no quadro, as cifras estão em elevação, salvo 1995 (seguramente, devido à mudança no valor do dólar considerado), prosseguindo sua tendência de alta nos anos posteriores. Mais trabalho social e um número maior de valores de uso encontram destino nas exportações que são levadas a cabo.

Observar o que ocorre com as exportações em outras regiões nos permitirá situar em perspectiva o que acontece na América Latina.

---

[9] No biênio 1999-2001, as exportações no Chile representaram 31,4% do PIB a preços correntes e 43,3% a preços constantes. Ver Ricardo Ffrench-Davis, "El impacto de las exportaciones sobre el crecimiento en Chile", *Revista de la Cepal*, Santiago, Cepal, n. 76, abr. 2002, p. 262.

Tabela 3 – Percentual do crescimento anual das exportações de bens e serviços 1994-2006
(em dólares constantes ao ano de 2000)

Mundo	7,1
Países desenvolvidos	5,9
América Latina	7,4
China	18,2

Fonte: World Bank, *World Development Report*, 1995-2008.

Em termos relativos, a média de crescimento das exportações da América Latina (7,4%), a partir de 1994, foi superior à média mundial (7,1%) e ao percentual atingido pelos chamados países desenvolvidos. A China, de qualquer maneira, encontra-se à frente da expansão exportadora no período.

Essas cifras, no contexto de que a maioria das economias do mundo encontra-se voltada para elevar seus níveis de expansão para o mercado mundial, permitem redimensionar a compreensão das economias latino-americanas. Depois da Ásia (com China e Índia à frente), a América Latina é a região do mundo com os avanços percentuais mais importantes em matéria de crescimento de exportações nas últimas décadas.

O PAPEL DO GRANDE CAPITAL NACIONAL E ESTRANGEIRO

O capital estrangeiro constitui um dos atores privilegiados na reestruturação da economia do mundo subdesenvolvido e dependente a partir dos anos 1980. O investimento externo direto (IED) nessas regiões passou de 14,9% do total mundial em 1990 para 37,8% em 1996.

Tabela 4 – Investimento estrangeiro direto por regiões "em desenvolvimento"
(em milhões de dólares)

Região	1990	1992	1994	1996*
África	2.160	3.151	5.496	4.949
América Latina e Caribe	8.359	17.718	30.219	43.583
Europa em desenvolvimento	149	231	369	571
Ásia em desenvolvimento**	20.311	30.039	57.623	84.658
Total mundial em desenvolvimento	30.979	51.139	93.707	133.761
Total da economia mundial	207.625	175.275	241.984	354.243

Fonte: Cepal, *La inversión extranjera en América Latina y el Caribe 1997*.
* Inclui Bósnia e Herzegovina, Croácia, Malta, Eslovênia, ex-República Iugoslava da Macedônia e ex-Iugoslávia.
** Exclui Japão e inclui China.

Com cifras absolutas de IED inferiores às da Ásia, a América Latina constitui, no entanto, a região "em desenvolvimento" onde tais investimentos mais cresceram relativamente nos anos 1990, demonstrando o peso relativo do capital estrangeiro na conformação do novo padrão exportador. Enquanto o IED cresceu pouco mais de quatro vezes na Ásia no período considerado, na América Latina seu crescimento foi superior a cinco vezes.

A venda de empresas públicas empreendida por muitos governos da região, junto com o avanço das políticas neoliberais – que permite que muitas delas acabem nas mãos do capital estrangeiro –, constitui um dos principais fatores do aumento do IED no período.

Somente entre 1998 e 1999, foi de 61 o número de empresas adquiridas e de licitações públicas superiores a 100 milhões de dólares vencidas pelo capital estrangeiro, totalizando 46,76 bilhões de dólares[10]. E foi entre 1995 e 1998 que a banca mexicana passou praticamente inteira para as mãos do capital estrangeiro, assim como a área de telecomunicações no Brasil[11].

Os investimentos para estabelecer segmentos das novas cadeias produtivas constituem outro dos atrativos para o incremento do IED. Trata-se, em geral, de investimentos com pouco enraizamento, nos quais trabalhos de *maquila*, montagem, embalagem e rotulagem são prioritários, o que facilita a mobilidade do capital para outras regiões.

Tabela 5 – Investimento estrangeiro direto: países selecionados
(em milhões de dólares)

	Argentina	Brasil	Chile	Colômbia	México	Total AL
1990	1.836	989	590	500	2.634	
1992	4.044	2.061	699	729	4.393	
1994	3.067	3.072	1.773	1.667	11.503	
1996	4.285	11.112	4.091	3.322	8.566 *	
1998	6.670	31.913	4.638	2.961	11.312	
2000	11.975	30.250	3.676	1.340	12.950 **	
2005	4.296	19.197	5.012	3.683	22.722 ***	
2006	5.537	18.822	7.298	6.656	19.779	74.987
2007	6.437	34.585	12.534	9.049	29.714	114.363
2008	9.726	45.058	15.150	10.596	25.864	134.521

* 1990-1996: Cepal, *La inversión extranjera en América Latina y el Caribe 1997*.
** 1997-2000: Cepal, *La inversión extranjera en América Latina y el Caribe 2000*.
*** Média simples 2000-2005

---

[10] Cepal, *La inversión extranjera en América Latina y el Caribe*, 1999.
[11] Idem.

O Brasil e o México, com movimentos alternados marcados inicialmente pela privatização de empresas públicas e em seguida por capitais estrangeiros que privilegiam essas economias pelo tamanho de seus mercados, pela infraestrutura existente e pelos seus vínculos com outros mercados (México e seus vínculos com os Estados Unidos e o Canadá; Brasil e suas relações com mercados da América do Sul e da Ásia), constituem as economias privilegiadas pelo IED. Mais abaixo, a uma distância significativa, situam-se o Chile, a Argentina e, por fim, a Colômbia.

Em 1999, as empresas estrangeiras constituíam 41% das duzentas maiores empresas exportadoras da região, com um peso percentual similar no total das exportações e superior à participação das empresas privadas nacionais e também das estatais[12].

A venda de empresas públicas e a centralização favorecida pela quebra ou enfraquecimento de empresas privadas locais em razão da crise dos anos 1980 permitiu, por sua vez, o fortalecimento de grandes capitais nacionais. Esses capitais privados nacionais e os estrangeiros, com um reduzido porém poderoso grupo de empresas estatais, constituem os principais dinamizadores do novo padrão exportador em andamento.

Tabela 6 – América Latina: as quinhentas maiores empresas locais e transnacionais, em 2006, por vendas e setores de atividade econômica
(em %)

	Privadas locais	Estatais	Transnacionais
Primário			
Mineração	19	51	30
Petróleo / gás	10	80	10
Manufatureiras			
Automobilística / peças	7	–	93
Eletrônica	23	–	77
Agroindústria / alimentos	63	–	37
Serviços*			
Telecomunicações	53	1	46
Energia elétrica	21	53	26
Comércio	70	–	30

Fonte: Cepal, *La inversión extranjera en América Latina y el Caribe 2007*.
* Não estão incluídos os serviços financeiros, atividade em que o capital estrangeiro tem peso predominante.

---

[12] Cepal, *La inversión extranjera en América Latina y el Caribe*, 2000.

É nessas empresas que se concentram as principais plataformas exportadoras do novo padrão, assim como as atividades dinâmicas orientadas para o mercado interno, particularmente concentradas no setor de serviços, as quais fornecem energia e telecomunicações e constituem importantes cadeias comerciais. O grande capital local tem preeminência no comércio, na agroindústria, nas indústrias alimentícias e nas telecomunicações, atingindo certa expressão na mineração, na eletrônica e na energia elétrica. Empresas estatais predominam nas áreas de mineração, petróleo/gás e energia elétrica, ao passo que o Estado não tem papel nenhum nos demais setores e o capital transnacional prevalece nos setores automobilístico e de autopeças e na eletrônica, mas também representa um peso significativo em todo o resto dos setores, com exceção de petróleo/gás, nos quais tem uma presença reduzida.

O capital estrangeiro possui um papel predominante, por sua vez, no setor bancário-financeiro, chegando a controlar em muitos casos mais de 80% das atividades nesse setor.

UM PADRÃO DE ESPECIALIZAÇÃO PRODUTIVA

Fala-se em *especialização produtiva*[13] como traço distintivo do novo padrão exportador para destacar que este tende a se apoiar em alguns eixos, sejam agrícolas, sejam mineiros, industriais (com produção e também atividades de montagem ou *maquila*) ou de serviços, sobre os quais as diversas economias regionais contam com vantagens naturais ou comparativas na produção e no comércio internacional. Em torno desses eixos, como produção de petróleo e derivados, soja, montagem de automóveis com graus diversos de complexidade, extração e processamento de cobre e outros minerais, *maquila* eletrônica, *call center* etc., articula-se a nova reprodução do capital, propiciando um tipo de especialização em atividades como as mencionadas, que tendem a concentrar os avanços tecnológicos que atingem a região.

Da tabela 7, a seguir, é importante destacar o peso crescente dos dez principais produtos de exportação no total das exportações, os quais passam de 29,2% a 35,1% entre 1995 e 2008, evidenciando uma *crescente especialização exportadora*. Também é relevante considerar que, dentro desses dez produtos, predominam bens provenientes da mineração e da agricultura, assim como bens industriais do ramo automobilístico e da produção eletrônica. O peso desses últimos e a presença significativa dos primeiros não permite qualificar o novo padrão exportador como

---

[13] A qualificação do novo padrão como "exportador de especialização produtiva" permite diferenciá-lo do padrão agromineiro exportador que a região conheceu no século XIX e no início do século XX porque os novos bens de exportação exigem, em muitos casos, algum grau de elaboração que ele não requeria nem conheceu; e também porque integra a *maquila* e a produção de partes industriais diversas (ver tabela 7).

secundário[14]. Os tradicionais bens do setor primário cumprem um papel relevante demais entre as exportações para serem caracterizados como padrão secundário.

Tabela 7 –América Latina: principais produtos de exportação
(em %)

	1995	2001	2005	2008
Petróleo bruto	9,9	10,1	14,5	10,6
Derivados do petróleo	3,3	3,4	4,7	4,3
Veículos, montados ou sem montar	3,6	5,6	3,3	3,8
Cobre refinado	2,2	1,5	2,2	3
Aparelhos de televisão	1,4	1,9	1,9	2,9
Mineral e concentrados de cobre	–	–	1,6	2,3
Aparelhos elétricos, telefonia e telegrafia	–	–	–	2,3
Soja	–	–	1,5	2,2
Mineral de ferro e concentrados	–	–	–	2,1
Tortas e farinhas de sementes oleaginosas	1,5	–	–	1,6
Máquinas de estatística para cálculo	–	2,9	1,7	–
Fios e cabos com isolantes	1,6	1,8	–	–
Outros equipamentos para telecomunicações	–	2,3	1,9	–
Caminhões e caminhonetes	–	1,9	–	–
Outras partes para veículos automotores	1,6	1,7	1,8	–
Café ou sucedâneos	2,8	–	–	–
Motores de combustão interna	1,3	–	–	–
Total	29,2	33,1	35,1	35,1

Fonte: Cepal, *Anuario estadístico de América Latina y el Caribe 2007 y 2009*.
Nota: atividades relevantes de especialização em algumas economias ligadas ao setor de serviços, como *call center* e turismo, estão fora da tabela, já que esta considera bens exportáveis.

A saída de produtos como o café e a chegada de outros produtos do agronegócio, como a soja, são significativas. A região permanece um grande abastecedor

---

[14] Ver José Valenzuela Feijóo, *¿Qué es un patrón de acumulación?* (Cidade do México, Facultad de Economía – Unam, 1990), capítulos 4 e 5, p. 129-64.

de matérias-primas e alimentos para o mercado mundial. Por fim, é notório o peso, entre os principais bens de exportação, dos produtos com vantagens naturais, como petróleo, minérios e bens agrícolas, aos quais se agregam bens provenientes das atividades de montagem* da produção de automóveis e eletrônica, todas com uma débil incorporação tecnológica.

A especialização produtiva exportadora encontra-se associada a uma espécie de reedição, sob novas condições, de novos enclaves, à medida que um número reduzido de atividades, geralmente muito limitadas e que concentram o dinamismo da produção, operam sem estabelecer relações orgânicas com o restante da estrutura produtiva local, ao demandar prioritariamente do exterior equipamentos, bens intermediários e, em alguns casos, até matérias-primas, para não falar da tecnologia e do *design*, sendo os salários e impostos o aporte fundamental à dinâmica da economia local.

Esses novos eixos produtivos constituem, em geral, segmentos de grandes cadeias produtivas globais, sob direção do capital transnacional[15], que já não obedecem a projetos nacionais de desenvolvimento, sendo o capital mundial, ao contrário, o que define que nichos privilegiar e impulsionar nas economias específicas. Nas novas condições, até o imaginário despertado com a industrialização em torno da produção sob direção local e com respostas a necessidades nacionais acabou por ser derrubado.

Se no sistema mundial capitalista a soberania sempre foi objeto de uma distribuição desigual, mais forte nas economias centrais e mais débil nas regiões e economias periféricas, tal situação foi agudizada nas atuais condições de cadeias globais de direção transnacional, com elos e segmentos distribuídos pelo mundo[16].

DIVERSIDADE DE SITUAÇÕES NO NOVO PADRÃO EXPORTADOR

Neste tópico, consideraremos o que acontece em cinco economias da região[17]: Argentina, Brasil, Chile, Colômbia e México. Seu maior peso relativo, o avanço do padrão exportador, as diferenças nos valores de uso produzidos e a diversidade de mercados nos quais se inserem no mercado mundial são algumas das considerações que pesaram na seleção.

---

* No original, *montaje y ensamble*. Esses vocábulos, com origem no idioma francês – *montage* e *ensemble* –, se referem às operações típicas da indústria de *maquila*, outro termo comumente utilizado no espanhol. Ver nota sobre *maquiladoras* na página 75 deste volume. (N. T.)

[15] Ver Gary Gereffy, "Las cadenas productivas como marco analítico para la globalización", cit.

[16] Esse tema foi abordado por nós no livro *El Estado en el centro de la mundialización* (Cidade do México, Fondo de Cultura Económica, 2004), cap. 6, p. 139-60.

[17] Ver nota 5 deste capítulo.

Tabela 8 – Valor das exportações totais para países selecionados
(em dólares)

	Argentina	Brasil	Chile	Colômbia	México	Total AL
1980	7.524.400	20.253.500	5.334.500	4.332.600	10.745.500	76.010.700
1985	10.429.800	33.161.700	6.916.400	4.229.400	22.734.100	104.901.500
1990	14.866.400	37.037.700	10.336.700	8.298.900	42.056.800	150.380.400
1995*	21.161.000	46.506.000	16.024.200	10.527.000	79.541.600	229 635.700
2001**	31.169.800	67.544.600	22.410.200	15.058.800	171.440.000	398.446.900
2005	47.021.200	134.355.900	48.401.000	24.397.000	230.299.300	643.821.300
2008	82.110.400	228.393.000	77.209.900	42.668.800	309.382.500	985.476.100

População						
2010***	40.519.000	199.992.000	17.094.000	47.859.000	110.056.000	594.396.000

PIB (em dólares a preços constantes)						
2008****	394.792.000	854.042.600	104.776.000	134.282.800	769.256.600	2.765.060.000

* Cepal, *Anuario estadístico de América Latina y el Caribe 1999*. (A preços constantes de 1995.)
** Cepal, *Anuario estadístico de América Latina y el Caribe 2009*.
*** Cepal, *Panorama social de América Latina 2006*.
**** Cepal, *Anuario estadístico de América Latina y el Caribe 2009*.

Em todos os casos se fazem presentes importantes avanços – e inclusive saltos – no incremento do valor das exportações, embora com clivagens diversas. Assim, na Argentina, os avanços substanciais ocorrem entre 2001 e 2005 e particularmente em 2008. No Brasil e no Chile, há tendências similares, enquanto no México o grande salto nas exportações se dá já a partir de 1995 e prossegue de maneira ininterrupta no resto dos anos considerados. Na Colômbia, a curva se eleva de forma importante entre 2005 e 2008.

Cabe destacar que, em termos absolutos, o México (com um PIB de 769.256.600 de dólares a preços constantes de 2008) é a economia regional que atinge as cifras mais altas no valor das exportações, superando inclusive o Brasil (cujo PIB é de 854.042.600 de dólares a preços constantes do mesmo ano), apesar de contar com um PIB menor que o desse país. Adiantemos que nada de bom se depreende dessa situação, como veremos no terceiro tópico deste capítulo. Em seguida, vêm Argentina, Chile e Colômbia, a uma boa distância com relação ao montante do valor exportado.

Se relacionamos as cifras anteriores com o total do PIB, vemos que o peso das exportações é diferenciado para cada economia.

Tabela 9 – Valor das exportações em relação ao PIB para países selecionados (com base em dados em dólares a preços de 1995)

	Argentina	Brasil	Chile	Colômbia	México	Total AL
1990	9,4	7,1	26,6	11,6	14,8	12,4
1995	10,5	7,9	29,7	13,1	24,6	15,9
1998	12	8,6	33,8	15	32,1	18,9

Fonte: Cepal, *Anuario estadístico de América Latina y el Caribe 1999*.

Em termos relativos, Chile e México, nessa ordem e muito acima do resto, constituem as economias que exportam maior valor em relação ao seu PIB, considerando cifras entre 1990 e 2007. São as economias regionais mais voltadas para os mercados externos. A Colômbia vem depois, a uma distância considerável, enquanto Brasil e Argentina encontram-se ao final. A condição exportadora das diversas economias demonstra, assim, seu peso diferenciado, bem como o peso do mercado interno para a realização do capital.

Valores de uso exportados

É relevante conhecer os valores de uso exportados pelas diferentes economias, uma vez que isso nos mostra o grau de complexidade alcançado por sua estrutura produtiva. Os preços e a demanda de valores de uso são variados conforme sejam bens de uso industrial prioritário (petróleo, cobre, gás), constituam bens-salário fundamentais (carne, soja, óleos) ou, ao contrário, façam parte da cesta de alimentos secundários (como frutas diversas, cacau etc.) e constituam bens suntuários em geral (automóveis, televisores de luxo etc.). Tudo isso implica demandas diferenciadas, como nas situações de crise, por exemplo, resultando, portanto, em desdobramentos diversos sobre as economias latino-americanas.

De acordo com dados de 2007[18], os principais valores de uso exportados pelas economias aqui consideradas são os que destacaremos a seguir.

Na Argentina, os bens agrícolas e agroindustriais possuem um peso substancial entre os dez principais produtos de exportação, prosseguindo com sua tradicio-

---

[18] Cepal, *Anuario estadístico de América Latina y el Caribe 2008*.

nal "vocação". Destacam-se tortas e farinhas de sementes oleaginosas e outros resíduos de óleos vegetais (10,2% do total); óleo de soja (7,9%); soja (6,2%); milho sem moer (4%) e trigo (3,6%). Juntamente com eles, estão produtos derivados do petróleo (7,5%); veículos para passageiros (3,9%) e gás natural (2,3%). A carne de gado desaparece da lista em 2006; couros e peles, em 2005.

O Brasil apresenta a gama de valores de uso mais equilibrada – no sentido de que não há nenhum que ultrapasse 10% do peso relativo no total das exportações – e combina bens primários e industriais diversos. Destacam-se produtos da mineração, como minério de ferro (6,6%); petróleo bruto (5,6%); derivados do petróleo (4,4%); produtos do agronegócio, como soja (4,2%); aves confinadas (2,7%); carne de gado bovino (2,2%); café (2,1%); e produtos industriais, como aeronaves (3%), veículos automotivos (2,9%) e autopeças (2%).

No caso do Chile, temos a economia regional com a maior dependência de um determinado valor de uso de exportação. Assim, o cobre refinado constitui 31,1% das exportações, o que, junto com os itens minerais e concentrados de cobre (20,5%) e cobre blister (4,4%), responde por 56% do valor total das exportações. Em seguida, estão minerais de titânio (4,7%), peixe fresco e congelado (3,8%), polpa de madeira (3,3%) e vinho (1,9%).

As exportações da Colômbia têm no petróleo um valor de uso de primeira importância (18,5% do total), ao qual se somam produtos derivados do petróleo (5,8%), que juntos perfazem cerca de 25% do total exportado. Além deles, há o carvão (11,1%), outras ligas de ferro (5,6%) e ouro (2,7%). Também aparecem produtos do agronegócio, como café (5,8%), flores (3,7%) e banana (1,9%), assim como produtos industriais: produtos de polimerização (3%) e veículos automotivos (2,6%).

O México também expressa a dependência em suas exportações, nesse caso do petróleo (com 13,8 % do total), embora abaixo do caso chileno e um pouco menos do que o caso colombiano. O restante dos principais produtos são bens eletrônicos e do ramo automobilístico (produção de autopeças, montagem/*maquila* majoritariamente). Assim, aparecem aparelhos receptores de televisão (8,0%); veículos automotivos (6,9%); outras partes para veículos automotivos (4,5%); aparelhos elétricos para telefonia (4,4%), caminhões e caminhonetes (3,3%), máquinas de estatística (3,2%); fios e cabos com isolantes (3,0%) e mecanismos elétricos para conexão ou proteção de circuitos elétricos (2,3%).

A noção de "manufaturas baseadas em recursos naturais" leva ao equívoco de pensar em processos industriais propriamente ditos quando na verdade não passam de frágeis intervenções que processam recursos naturais, como a atividade de enlatar produtos do mar e frutas ou de engarrafar vinhos, no caso chileno. Em essência, o novo padrão exportador apoia-se sobre matérias-primas (agrícolas, minerais ou de energia) e em alimentos, com algum grau de processamento, assim como em bens industriais nos quais predomina a atividade de *maquila* e, em menor medida, a produção em si.

Tabela 10 – Distribuição setorial das exportações por países selecionados
2000-2002 e 2007-2009
(em %)

	Matérias-primas	Manufaturas baseadas em recursos naturais	Manufaturas com tecnologia alta, média e baixa	Serviços
América Latina e Caribe				
2000-2002	25	16,2	51,9	6,8
2007-2009	34,1	18,4	41,4	6,4
Argentina				
2000-2002	42,3	21,2	29,4	7
2007-2009	38,2	23,5	30,4	7,9
Brasil				
2000-2002	23,7	21,8	47,1	7,5
2007-2009	33,6	19,8	39,1	7,4
Chile				
2000-2002	30,9	48	10,8	10,3
2007-2009	34,4	51,4	7,8	6,4
Colômbia				
2000-2002	44,9	15,7	32,4	7
2007-2009	46,6	16,1	32	5,3
México				
2000-2002	11	5,9	79,2	3,9
2007-2009	17,3	8,6	71,1	3,1

Fonte: Cepal, *Panorama de la inserción internacional de América Latina y el Caribe 2009-2010*.

Tabela 11 – Crescimento do quantum das exportações de bens e serviços: 1980-1998.
(taxas anuais médias)

	Argentina	Brasil	Chile	Colômbia	México	Total AL
1980	-9,3	18,6	6,4	0,1	8,6	6,1
1985	20	2,5	12,1	-13	5,4	5,2
1990	31,9	-5,1	12,9	22,9	1,3	5,8
1995	25,4	-0,8	13,3	13	17	10,8
1998	9,1	6,7	6,3	5	10,3	7,7

Fonte: Cepal, *Anuario estadístico de América Latina y el Caribe 1999*.

Parte substancial do êxito exportador residiu na presença de uma demanda mundial dos valores de uso possíveis de produzir na região e na rápida resposta das economias regionais a tal demanda, elevando de maneira considerável a oferta dos bens mencionados. Isso se expressa na elevação da taxa média anual de crescimento de bens exportados.

Chile, México e Argentina são as economias que demonstram maior consistência nas taxas de crescimento dos valores de uso exportados, com elevações substanciais no último caso. A Colômbia também apresenta um nível de crescimento persistente, salvo a queda em 1985, enquanto nesses anos a economia brasileira apresenta movimentos erráticos, com tendência a descensos recorrentes.

Na década seguinte, as cifras destacam números positivos em todos os casos e elevações persistentes. De um índice de 100, no ano 2000, a Argentina passa de 104,3 em 2001 a 136 em 2005 e 155,8 em 2008. O Brasil, para os mesmos anos, apresenta: 107,4; 141,1; e 153,8 – em uma tendência também ascendente. A Colômbia, em igual direção, apresenta: 103; 127,7; e 149,2. E o México, com números mais moderados, teve como cifras: 100,8; 112; e 126,9, para os mesmos anos.

As cifras anteriores mostram que em alguns casos a reinserção ao mercado mundial para algumas economias da região foi rápida, enquanto outras logram resultados em datas posteriores.

Os preços dos valores de uso exportados pela região desempenham um papel relevante nos bons resultados para os setores do capital local e estrangeiro que sustentam o novo padrão exportador.

Tabela 12 – Índice de preços de produtos básicos de exportação
(2000 = 100)

	2001	2003	2005	2007	2008
Produtos					
Agropecuários	94,9	101,7	121,5	154,7	189,1
Alimentos	107,9	96,1	117,5	143,6	177,3
Banana	138,8	89,4	137,4	161,4	201,1
Açúcar	105,6	86,7	120,9	123,3	156,5
Carne	110	110,2	135,1	134,5	138
Milho	101,6	119,2	111,6	185,1	253,1
Café	70,4	65,6	104	123,5	142,1
Óleos, farinhas, sementes oleaginosas	99	127,2	131,5	190	265,8
Óleo de soja	104,7	163,8	161,2	260,7	372,2
Soja	92,4	124,6	129,7	181,3	246,8
Farelo de soja	99,1	112,4	116,4	160,5	226,2
Matérias-primas silvoagropecuárias e pesqueiras	91,3	102,2	116,2	145,7	151,9
Polpa de madeira	78	78,5	95,7	114,3	124,5
Farinha de peixe	117,8	147,9	172,2	285	274,4
Minerais e metais	89,9	102,7	181,5	253,8	315,5
Cobre	87	98,1	202,9	392,6	383,6
Ferro	104,5	112,2	225,9	294,4	485,8
Ouro	97,1	130,2	159,3	249,6	312,2
Energia	87,3	102,3	188,9	247,7	333,3

(continua)

(continuação)

Produtos	2001	2003	2005	2007	2008
Petróleo bruto	86,7	102,4	189,1	252,1	343,8
Derivados	85,9	100,7	181,3	236	286,6
Carvão	114,2	112,7	244,1	237,7	459,7
Gás natural	108,9	132,4	198,5	173	218,8

Fonte: Cepal, *Anuario estadístico de América Latina y el Caribe 2009*.

Não há produto básico de exportação das economias latino-americanas que não tenha aumentado seus preços até 2008. Bens como a soja e seus derivados, petróleo e derivados, cobre, carvão, gás natural, farinha de peixe, para mencionar os mais destacados, viveram uma época de bonança conjunta. As razões pormenorizadas dessas elevações fogem do assunto que nos ocupa aqui, mas uma análise mais específica deve abordá-las. Para os nossos objetivos, sublinhemos que, uma vez que muitos deles constituem bens-salário imprescindíveis ou bens de capital de uso industrial básico, sua demanda foi permanente e ascendente, acompanhando o crescimento de economias locais e de mercados em expansão como os da Ásia – o da China em particular.

Houve aumento nos volumes de bens exportados e nos preços no mercado mundial. Os grandes capitais locais e transnacionais que originam o padrão exportador receberam recursos numerosos à medida que esse modelo de reprodução amadureceu[19]. Isso possibilitou a implementação de políticas sociais em alguns casos, de maneira a mitigar a pobreza e a miséria, inclusive com alguns aumentos do salário mínimo; porém, ao custo de propiciar, por outro lado, uma concentração de riqueza e desigualdade social nunca antes conhecida na região, indicando que o que se concentra é superior ao que "jorra" para a população com menores recursos quando tais políticas existem.

Os mercados exteriores do novo padrão

Vistas em seu conjunto, as economias latino-americanas têm no mercado dos Estados Unidos seu principal espaço de realização. Em ordem de importância, vêm a

---

[19] Considerando o papel das importações como fator para neutralizar essa tendência, cabe assinalar que somente no caso mexicano as importações em 2008 se aproximam do valor das exportações. Em todos os demais casos considerados aqui, assim como no conjunto da América Latina, o valor dessas últimas supera amplamente as primeiras em tal ano. Ver Cepal, *Anuario estadístico de América Latina y el Caribe 2009*.

seguir o próprio mercado da região, a União Europeia, a Ásia e o Pacífico e a China, essa última um mercado em ascensão para os bens da região.

Tabela 13 – Mercados das exportações: 2000 e 2007
(em % do total de exportações)

	AL e Caribe	China	Ásia/Pacífico	Estados Unidos	União Europeia
AL e Caribe	16-18	1-6	6-12	60-42	12-15
Argentina	48-39	3-10	8-16	12-18	18-19
Brasil	25-25	2-10	12-18	24-15	28-24
Chile	22-16	5-15	29-36	18-13	25-24
Colômbia	29-36	0-3	3-6	51-31	14-18
México	3-6	0-1	1-3	89-78	3-6

Fonte: Cepal, *Panorama de la inserción internacional de América Latina y el Caribe 2007*.

A discriminação por países oferece matizes com relação à tendência global. Os dados destacam: o significado do mercado regional nas exportações da Argentina; o equilíbrio das exportações brasileiras entre os diversos mercados principais, o que também ocorre com a economia chilena, embora nesta se sobressaia o maior peso dos mercados de Ásia/Pacífico e a ascensão das compras feitas pela China; a irrelevância dos mercados de Ásia/Pacífico e da China e o peso significativo do mercado estadunidense no caso da Colômbia, situação que chega ao extremo no caso do México – embora com uma queda importante das compras estadunidenses no ano de 2007 –, o que faz com que o restante dos mercados seja praticamente irrelevante para a economia mexicana, situação rara se considerarmos que nessa posição encontram-se os mercados da própria região e da União Europeia, assim como o da China.

À luz desses dados se entende melhor a política externa adotada pelas diversas economias regionais. Cabe destacar a maior autonomia do Brasil em relação aos Estados Unidos, autonomia relativa que de acordo com as cifras anteriores possui um suporte econômico, o qual explica sua proximidade e seu apoio a políticas regionais como aquelas orientadas para a criação de mercados regionais e mecanismos de integração. No extremo oposto, temos a enorme dependência do México com relação ao mercado dos Estados Unidos e a menor autonomia da diplomacia mexicana com relação aos projetos e problemas regionais e o posicionamento destes em lugares secundários de atenção.

Sublinhemos, de passagem, que as repercussões da crise vigente – que não é abordada aqui pelo fato de abrir um terreno de reflexão extenso que nos afastaria do tema que ora nos ocupa – também encontram nesses dados alguma significação. Enquanto essa crise iniciou sua irrupção nos Estados Unidos, foi nas economias mais ligadas a essa nação que se ressentiu com maior força a contração daquele mercado, como ocorreu no México. À medida que a crise se expandiu em 2010 e 2011 para a Europa ocidental, as economias regionais que exportavam para esses mercados foram afetadas (Brasil, Chile e Colômbia, de acordo com os dados da tabela 13), embora em proporções menores, dado o peso relativo inferior das vendas a essa região.

Os mercados intrarregionais

A América Latina constitui um mercado muito heterogêneo para o comércio das diversas economias da região. Dos países considerados, a Argentina e o México constituem os casos extremos, o primeiro devido à força e ao peso de seu comércio intrarregional; o segundo devido à sua escassa importância. A Argentina vende e compra muito da região.

Tabela 14 – Exportações e importações intrarregionais para países selecionados (em % do total)

	Exportações			Importações		
	2001	2005	2008	2001	2005	2008
Argentina	46,3	39,9	39,4	36,2	47,4	44,7
Brasil	22,3	25,1	23,5	17,4	15,7	14,4
Chile	23,9	17,2	19,4	34,7	38	30,1
Colômbia	35,2	33,5	35,8	29,1	32,2	25,2
México	3,4	4,5	7	3,5	5,1	4
Total AL e Caribe	16,6	17,4	20,4	16,8	20,4	18,7

Fonte: Cepal, *Anuario estadístico para América Latina y el Caribe 2009*.

A Colômbia é a economia que se destaca logo depois da Argentina quanto à importância do comércio intrarregional, embora com um leve descenso das importações no último ano considerado. Para a economia chilena, a região é mais importante como mercado para importar do que para exportar, em que pese uma baixa no último ano, a qual não modifica, contudo, essa tendência. O Brasil, pelo contrário, exporta para a região mais do que importa dela. As cifras do México evidenciam a pouca importância da América Latina para o comércio exterior de sua economia: as exportações e as importações são muito baixas em relação aos demais, com tendência para uma leve melhora das exportações e uma baixa das importações da região.

Padrão exportador e condições de trabalho e de vida da população

É um tanto paradoxal que, no mesmo período em que um padrão econômico voltado para os mercados externos está em curso e atinge importantes realizações, os salários e as condições gerais de trabalho e de vida da maioria da população da América Latina assistam a uma drástica precarização. Não se consegue evitá-la apesar das políticas sociais levadas a cabo por alguns Estados ou do crescimento significativo alcançado por algumas economias.

São muitos os fatores e processos que podem vir à tona para análise e que se relacionam com essa pronunciada precarização das condições laborais e de vida da maioria da população na região. Entretanto, quando um fenômeno tende a se reproduzir no tempo, é necessário entender que não existem apenas elementos conjunturais ou contingências coincidentes, mas também processos e tendências de fôlego mais longo que o sustentam e lhe conferem sentido. Nessa lógica, a perda de poder aquisitivo dos assalariados na dinâmica do mercado interno e a precarização em geral das condições de trabalho e de vida da maioria da população encontram-se ligadas à própria natureza do novo padrão exportador de especialização produtiva, em um duplo sentido. Primeiro, porque para essa nova modalidade de reprodução o mercado dos assalariados locais não constitui um elemento de maior relevância à medida que parte substancial da produção vai destinada aos mercados externos. Isso porque o salário médio geralmente se encontra bastante longe de permitir o acesso aos bens manufaturados e agropecuários exportáveis e porque a oferta de exportação contempla uma gama ampla de bens de uso industrial, matérias-primas ou energéticos/matérias auxiliares. Em qualquer um dos casos, essa situação favorece uma estrutura produtiva dinâmica que se afasta e se desliga das necessidades da maioria da população[20].

---

[20] Uma manifestação da tendência à ruptura do ciclo do capital no capitalismo dependente. Ver Ruy Mauro Marini, *Dialética da dependência*, cit., e, do mesmo autor, o capítulo 1 deste volume, "O ciclo do capital na economia dependente".

Em segundo lugar, a capacidade de concorrência desse padrão nos mercados externos reside na deterioração dos salários locais e na depreciação de tudo o que implique elevar o custo do trabalho, como benefícios sociais diversos. Essa é uma das principais vantagens comparativas com que conta o capital que opera na América Latina, principalmente quando o mundo do trabalho da região encontra-se com níveis de escolaridade e qualificação mais altos, o que permite a produção de bens mais complexos a baixo custo relativo.

A deterioração dos salários e das condições laborais em geral aponta, dessa forma, para o centro da dinâmica e da reprodução do novo padrão exportador. Assim como na segunda metade do século XIX e no início do XX, o grande capital que opera na região está mais preocupado com o nível de vida da população dos mercados para onde exporta e com o poder de consumo dos trabalhadores que lá se encontram do que com os da população assalariada local. Para esse capital, os trabalhadores locais interessam mais como produtores do que como consumidores.

Aproximemo-nos de algumas cifras que colocam em destaque a queda dos rendimentos dos assalariados da região nas últimas décadas.

Tabela 15 – Índice de salários reais em países selecionados
(1982 = 100)

	Argentina	Brasil	Chile	Colômbia	México*
1971	100	61	123	100	88
1975	107	75	64	83	97
1982	100	100	100	100	100
1985	100	96	86	109	70
1990	73	75	96	111	72
1995	75	87	119	116	80
1998	72	102	131	120	71

* Em zonas urbanas

Fonte: John Weeks, "Salarios, empleo y derechos de los trabajadores en América Latina entre 1970 y 1998", *Revista Internacional del Trabajo*, v. 118, n. 2, 1999.

O ano-base do índice (1982) situa-se na chamada "década perdida", quando a crise da dívida afetou fortemente a região e, com isso, os salários, de maneira que não é difícil encontrar economias que por volta dos anos 1990 lograram superar o índice proposto, como é o caso do Chile e da Colômbia e, em menor medida, do Brasil.

Apesar de tal distorção, as estatísticas permitem ver que houve economias que, em períodos anteriores a 1982, contaram com níveis salariais superiores (caso do

Chile) ou, ao menos, iguais aos daquele ano (caso da Argentina e da Colômbia). Em termos de deterioração salarial, porém, os casos que mais se sobressaem são os do México, Brasil e Argentina: pelas significativas baixas anterior e posterior, na situação mexicana; pela baixa salarial anterior no Brasil e as dificuldades do país para alcançar, dezesseis anos depois, o nível do ano-base; e, no caso argentino, pela brutal redução sofrida pelo salário nos anos 1990.

Tabela 16 – Salários mínimos reais urbanos 1990-1999
(1980 = 100)

	Argentina	Brasil	Chile	Colômbia	México	Média AL
1990	40,2	55,4	73,3	105,7	42	68,4
1995	78,5	67,1	94,8	102,4	33,3	70,8
1999	77,8	76,8	113,3	109,9	29,8	73,1

Fonte: OIT/Lima, "Anexo estadístico", Panorama Laboral 2000.
Disponível em: <white.oit.org.pe/spanish/260ameri/publ/panorama/2000/anexos.html>. Acesso em 3/12/ 2010.

Enquanto para o conjunto da América Latina a média do salário mínimo real urbano tende a se elevar nos anos 1990, embora sem alcançar o ano-índice – e isso se expressa com maior ou menor força na maioria das economias consideradas –, a situação no México caminha no sentido oposto, produzindo-se uma deterioração dos salários em todos os anos e atingindo 70% em 1999, com relação ao ano-base.

Brasil e Argentina vêm depois do México na queda do salário mínimo, o que também se reflete na média da região, que acaba não se aproximando do ano-base. Em oposição às vozes oficiais, a informação disponível demonstra que não são poucos os trabalhadores que sobrevivem com o salário mínimo. Para o caso do Brasil, temos os dados apresentados na tabela 17.

Tabela 17 – Brasil: trabalhadores pobres que recebem menos que o salário mínimo (até dois dólares por dia), 1992- 2007

Ano	Porcentagem	Ano	Porcentagem
1992	30,5	2001	27,9
1995	27	2003	27,2
1997	29,1	2005	22,7
1999	29	2007	15,4

Fonte: OIT/ Brasil, Perfil do trabalho decente no Brasil, 2009.

Embora seja possível observar um decréscimo do porcentual de trabalhadores que recebem remuneração igual ou menor que o salário mínimo, não é menos certo que, em 2007, conta-se ainda com uma cifra considerável nessa situação: quase um sexto do total dos trabalhadores brasileiros. A situação na economia mexicana não é menos séria, conforme mostram os dados da tabela 18.

Tabela 18 – México: nível de rendimentos dos trabalhadores, 2004

Nível de rendimentos	Pessoas ocupadas	
	Absolutos	Percentuais
Menos de 1 salário mínimo	10.078.098	23,9
De 1 a 2 salários mínimos	9.569.158	22,73
De 2,1 até 5 salários mínimos	16.002.723	38,02
Mais de 5 salários mínimos	4.554.298	10,82
Não especificado	1.885.124	4,48
Total	42.089.401	100

Fonte: Centro de Análisis Multidisciplinario, *Reporte de Investigación*, Cidade do México, Facultad de Economía – Unam, n. 70, abr. 2006.

Quase 25% dos trabalhadores mexicanos viviam em 2004 com menos de um salário mínimo, e mais de 40% viviam com até dois salários mínimos. O problema é ainda mais sério se considerarmos que, entre 1970 e 2006, o salário mínimo mexicano perdeu mais de 40% de seu poder aquisitivo.

Conferimos atenção particular ao Brasil e ao México no tema anterior porque constituem as duas maiores e mais poderosas economias da região e contam, de longe, com a maior população, fazendo com que seus dados definam as condições de existência da maioria dos trabalhadores latino-americanos. Ao mesmo tempo, por serem duas das economias com maior sofisticação tecnológica no subcontinente, os processos (e barbáries) que as atravessam dificilmente podem ser atribuídos a carências de modernização ou a algum tipo de pré-capitalismo, mas sim a simples resultados do grau de maturidade do capitalismo em condições de dependência.

A significativa porém limitada diminuição da porcentagem de trabalhadores brasileiros que vivem com um ou menos de um salário mínimo é resultado do aumento do piso salarial nos últimos oito anos, que correspondem ao governo de Luiz Inácio Lula da Silva. De 200 reais em abril de 2000, o salário mínimo passou a 510 reais em janeiro de 2010, o que, considerando a inflação do período, implica um aumento real de 53,6%[21].

Se considerarmos cifras com um índice mais cuidadoso do que o assumido nas tabelas 15 e 16, torna-se visível o fato de que a substantiva melhora salarial refletida no caso chileno não é o que parece. Pelo contrário, temos baixos aumentos e inclusive quedas, que não são compatíveis com os substanciais incrementos do PIB que essa economia conheceu.

Assim, tomando a variação anual média do salário médio mensal real, verificamos que este apenas aumentou 1,4% no período de 1995 a 2005, inclusive com um decréscimo de 1,9% em 2005[22], enquanto para o mesmo período a média de crescimento do PIB foi de 50,8%. Em 2006, com cifras da pesquisa Casen (sobre a caracterização socioeconômica nacional), 60% dos assalariados recebiam menos de dois salários mínimos[23]. Talvez a pobreza *absoluta* tenha diminuído, porém houve um incremento da pobreza *relativa*, assunto que, em uma sociedade na qual a noção do sucesso econômico ("os vencedores") constitui um valor social elevado que sanciona "os perdedores", alimenta não poucos agravos sociais.

Outra forma de observar os problemas que nos ocupam é relacionar os salários com o produto interno bruto (PIB), o que nos aproxima do crescimento da riqueza e do peso dos salários nela.

No período de 1970 a 2004, a Argentina mostrou-se a economia com a menor participação dos salários no PIB, ao mesmo tempo que apresenta o maior declínio salarial, próximo de 50%. México e Colômbia seguem-na no que diz respeito ao baixo peso dos salários no PIB, enquanto Brasil e Chile apresentam cifras superiores ao restante. O México, por sua vez, é a economia que contempla durante todo o período uma baixa constante da participação da importância dos salários no PIB, cuja cifra mais alta alcança 40,4% apenas em 1975. O Brasil é a economia que apresenta a cifra mais alta (53,5% em 1990), embora isolada com relação aos dados gerais, ao passo que a economia chilena tem níveis constantes relativamente altos, com exceção de 1980, com um brusco decréscimo.

É importante destacar que as maiores participações dos salários no PIB, em todos os casos considerados, são atingidas entre 1970 e 1980, com exceção do Brasil, onde a cifra mais alta é obtida em 1990. Isso mostra que a queda do poder

---

[21] Ver Dieese, "Política de valorização do salário mínimo: considerações sobre o valor a vigorar a partir de 1º de janeiro de 2010". Nota Técnica n. 86, janeiro de 2010. Disponível em: <www.dieese.org.br/esp/notatec86SALARIOMINIMO2010.pdf>. Acesso em 10/5/2012.
[22] Com cifras do Instituto Nacional de Estadística (INE) do Chile, em Andrés Marinakis, "La rigidez de los salarios en Chile", *Revista de la Cepal*, Santiago, Cepal, n. 90, dez. 2006.
[23] Idem.

de consumo foi a constante na zona e que os salários, nas últimas décadas, não alcançaram os níveis de participação obtidos há três ou quatro décadas atrás. A globalização e o dinamismo do padrão exportador não se refletem na ampliação do poder de consumo dos assalariados em geral.

Tabela 19 – Participação dos salários no PIB a custo de fatores 1970-2004
(em %)

	Argentina	Brasil	Chile	Colômbia	México
1970	45,8	40,7	47,8	42,2	37,5
1975	40,4	36,6	45,3	41	40,4
1980	30,8	38,4	43,3	46,2	39
1985	29,6	42,5	42,4	45,3	31,6
1990	29,6	53,5	38,7	41,4	32,3
1995	36,8	45,3	40,9	38,7	34
2000	31,9	45,2	46,5	37,8	34,5
2004	23,9	42,9	44,2	35,7	33,6
Diferença em percentuais entre ano mais alto e 2004	47,8	19,8	7,5	22,7	16,8

Fonte: Elaborado com dados do *Anuario estadístico de la Cepal 2007*.
Tomado de Orlando Caputo, "La crisis actual de la economía mundial. Una nueva interpretación teórica e histórica", apresentado no XIII Seminario Internacional: Los Partidos y una Nueva Sociedad. Cidade do México, 19-21 mar. 2009.
Disponível em: <www.generación80.cl/documentos/docs/Economía_Caputo_Doc001.pdf>.

Isso é palpável no caso chileno, que demonstra cifras relativamente benignas comparadas com as demais economias, por um lado, mas manifesta, por outro, a tendência assinalada antes quando se considera que a participação mais alta dos salários foi atingida em 1970. Apesar de ser a economia regional com níveis de crescimento mais altos nas últimas três décadas, seus salários não alcançaram mais os níveis daquele ano. A suposta divisão ressaltada pelo dogma neoliberal, a qual se daria à medida que o bolo crescesse, não se produziu no caso latino--americano.

A pouca importância dos salários na dinâmica geral do capitalismo dependente, agudizada nas condições da marcha do novo padrão exportador, pode ser mais bem apreciada se considerarmos que, nos Estados Unidos, o peso dos salários no PIB, de 1970 a 1990, move-se em geral em cifras ao redor dos 60%[24], percentual que contrasta em particular com seu peso no México, um pouco mais da metade da cifra anterior, assim como com o peso observado na média das economias latino-americanas consideradas. O problema não é só de níveis de desenvolvimento diferentes, de modo a afirmar que, se os países da região se desenvolverem, atingirão aqueles níveis. O assunto de fundo são as dinâmicas distintas de reprodução do capital, que em sua relação propiciam economias que incorporam a população assalariada de maneira substantiva ao consumo e economias que tendem, de maneira estrutural, a expulsá-las do consumo.

Uma ofensiva brutal do capital sobre o fundo de consumo dos trabalhadores, convertidos agora em fundos de acumulação, é o que sustenta o atual padrão exportador na América Latina. Não há campo da vida laboral e social do mundo dos trabalhadores em que não se apresente a devastação alcançada pelo novo padrão exportador em andamento.

Voltemos ao Brasil. Em 1992, o percentual de jovens entre 15 e 24 anos que não trabalhava e tampouco estudava era de 21,1%. Em 2007, após políticas sociais que buscaram mitigar a barbárie dominante, as cifras seguiam sendo altas, reduzidas apenas com relação à anterior, passando para 18,8%. O desemprego urbano no último ano mencionado sobe para 9,2% da população economicamente ativa (PEA); o percentual da população ocupada que tem de trabalhar mais de 48 horas semanais sobe, em 2007, para 20,3%. A população que trabalha mais de 44 horas semanais chega a 35,5%[25].

No México, o número de trabalhadores que tiveram de incrementar sua jornada de trabalho para mais de 48 horas passou de 2.336.316 trabalhadores em 1988 para 12.845.728 trabalhadores em 2002. No mesmo ano, a porcentagem de trabalhadores em atividade sem receber benefícios sociais (13º salário, previdência social, fundos de pensão) alcançava 63,14%[26]. Em junho de 2010, a taxa de desemprego real no país superava os 15% (mais de 8 milhões de pessoas), muito acima dos 5,3% reconhecidos pelas autoridades[27].

---

[24] Ver, de Gloria Martínez González, "Una comparación del salario relativo entre México y Estados Unidos, 1960-1990", *Economía. Teoría y Práctica*, Cidade do México, UAM, n. 6, 1996.

[25] Ver OIT/Brasil, *Perfil do trabalho decente no Brasil* (Brasília, 2009).

[26] Ver Centro de Análisis Multidisciplinario, *Reporte de Investigación*, Cidade do México, Facultad de Economía – Unam, abr. 2006, n. 70.

[27] Ao excluir das contas as pessoas adultas disponíveis que não procuram emprego porque não conseguiram e se cansaram de buscá-lo e ao considerar como desempregadas apenas as pessoas que ativamente buscam emprego e não o encontram. Ver Centro de Análisis Multidisciplinario, "Empleo y desempleo durante el gobierno de Felipe Calderón 2006-2010", *Reporte de Investigación*, Cidade do México, Facultad de Economía – Unam, n. 87.

A pobreza nas atuais condições já não é um atributo dos desempregados. Sob as novas condições de precariedade é possível ter um emprego e, no entanto, instalar-se na pobreza. As estatísticas oficiais nos proporcionam as cifras apresentadas na tabela 20.

Tabela 20 – América Latina: pobreza e indigência
(% da população)

	Pobres	Indigentes
1980	40,5	18,6
1990	48,3	22,5
2002	44	19,4
2007	34,1	12,6

Fonte: Cepal, *Panorama social de América Latina y el Caribe 2008*.

Embora na primeira década do século XXI tanto a pobreza como a indigência tenham tendido a diminuir, isso aconteceu em meio a um quadro em que, apesar dos avanços – alguns deles discutíveis devido aos critérios estabelecidos para definir linhas de pobreza –, mais de um terço da população do continente encontrava-se na pobreza, conforme dados de 2007. Isso após mais de três décadas de avanço e dinamismo das exportações não apenas em termos de volume de bens, mas de seu valor, em razão dos elevados preços alcançados pelos bens que o capital vende na região. Temos, assim, uma pobreza *relativa* que aumentou na região.

A REGIÃO COM MAIOR DESIGUALDADE SOCIAL DO PLANETA

A riqueza social aumenta. Os salários perdem peso no PIB. A pobreza absoluta se reduz, embora em quantidades pequenas. A desigualdade social, entretanto, é ampliada. Os termos dessa equação indicam que no padrão exportador dominante opera uma lógica de concentração da riqueza em um extremo e de exclusão e de empobrecimento *relativo* no outro, como é possível perceber com base nas cifras da tabela 21.

Tabela 21 – Distribuição da renda dos lares urbanos
(por quintil)

País	Ano	Decil 1	Q1	Q2	Q3	Q4	Q5	Decil 10
		10% mais pobres						10% mais ricos
Argentina	1980*	2,8	6,8	10,6	15,7	21,7	45,3	30,9
	1990	2,3	6,2	8,7	14,2	20,9	50	34,8
	1997	2,1	5,4	9,5	13,4	19,9	52,9	35,8
	2006**	1,2	3,5	7,3	11,7	19,2	58,5	42,9
Brasil	1979	1,3	3,9	7,9	12,2	20	56	39,1
	1990	1,1	3,3	7	11,1	19,4	59,2	41,8
	1996	1,1	3,4	7,2	10,4	18,2	61,9	44,3
	2008***	0,8	2,6	6,3	10,4	17,3	63,5	48,7
Chile	1987	1,6	4,4	8,3	12,8	19,4	46,1	39,6
	1990	1,7	4,7	8,7	12,1	18,7	55	39,2
	1996	1,7	4,7	8,7	12,6	19,2	54,8	39,4
	2006***	1,5	4,1	7,7	11,6	18,6	58	42,5
México	1984	3,2	7,9	12,3	16,8	21,9	40,8	25,4
	1989	2,5	6,2	10,1	13,4	19	51,3	36,9
	1996	2,9	7,0	10,6	14,4	19,7	48,3	33,7
	2008***	1,5	4,1	7,9	12,3	19,4	56,5	41,2

* Cepal, *Anuario estadístico 1999*.
** Cepal, *Anuario estadístico 2009* (considera população urbana, não domicílios).
*** Nacional.

Em todos os países considerados, o decil mais pobre teve seus rendimentos reduzidos no último ano, enquanto o decil mais poderoso elevou os seus, acentuando a desigualdade já por si mesma agressiva na distribuição da renda. As remunerações recebidas por esse último decil são pelo menos 35 vezes maiores do que as do decil mais pobre. Poucos recebem muito e são a faceta dinâmica interna do novo padrão; e muitos, os excluídos, recebem pouco e são a resultante[28]. Por isso, não há nada de surpreendente no fato de a América Latina ter se constituído nessas décadas na região com a distribuição de renda mais desigual do planeta.

Esses resultados são comuns e vão além da coloração do governo de ocasião e das alianças políticas que o sustentam. Isso indica tendências profundas que as forças políticas que chegaram ao poder executivo não conseguem reverter, pelo menos nos casos aqui considerados. Pois é na própria lógica do capitalismo latino-americano, em sua atual versão histórica do padrão exportador de especialização produtiva, que opera um núcleo concentrador e simultaneamente pauperizador. Ademais, tudo isso se produz seja em fórmulas estatais mais ou menos autoritárias, seja em formas mais ou menos democráticas. Para aquela lógica, as formas de governo parecem não ter maior incidência e sentido.

Um mercado interno restrito, porém poderoso

O declínio do mercado formado pelos rendimentos dos trabalhadores tem como contrapartida, no mercado local, a conformação de um pequeno porém poderoso mercado interno (assimilável, *grosso modo*, ao último decil da tabela 21), no qual participam os setores que vivem de mais-valia, renda ou salários elevados, seja no setor público, seja no privado. Falamos dos 10% da população que se apropriam em quase todos os casos considerados de mais de 40% dos rendimentos totais.

O declínio dos salários e das condições de vida da maioria faz parte de um violento processo de transferência de recursos do fundo de consumo dos assalariados e pobres em geral em direção a essa camada social reduzida, que torna possível a conformação desse poderoso mercado local, o qual demanda alguns dos bens-eixo do novo padrão e importações suntuárias que acompanham o processo.

Conclusões

Sob o prisma da longa duração, tornam-se visíveis as tendências profundas que atravessam a história econômica da região para além de vaivéns temporais que dificultam a observação. É isso que acontece com o peso dos padrões exportadores na história regional. O primeiro, qualificado como agromineiro exportador, despon-

---

[28] "A América Latina e o Caribe formam a região mais desigual do mundo [...]. O *Informe sobre desenvolvimento humano para a América Latina e o Caribe 2010* [...] sublinha que a desigualdade na região é 65% mais elevada do que nos países de renda elevada, 36% maior do que a observada na Ásia oriental e 18% mais alta do que na África subsaariana", *La Jornada*, Cidade do México, 9 set. 2010, p. 28.

tou com o início da vida independente da região, atingiu sua plenitude em meados do século XIX e entrou em crise nas primeiras décadas do século XX. O segundo, que descrevemos aqui – e exemplificamos, considerando o caso de cinco economias –, apresenta sinais de amadurecimento a partir dos anos 1980 e se defronta, atualmente, com os problemas derivados da presente crise mundial. Em ambos, o papel desempenhado pelos assalariados no mercado interno foi secundário. No primeiro, foram majoritariamente excluídos, privilegiando-se a realização capitalista dos mercados externos e de faixas restritas do mercado local; no segundo, com o mercado local muito mais desenvolvido no novo padrão exportador.

O peso e a extensão desses padrões exportadores na história regional talvez nos obriguem a observar de outra forma as tendências de operação do capital e do capitalismo nessa parte do mundo. Já não estamos diante de situações de pré-modernidade ou de insuficiência de capitalismo, como alguns tentaram alegar para explicar as barbaridades do século XIX ou do início do XX. Essas mesmas barbaridades voltam a se repetir no fim do século XX e início do XXI, após longas e profundas transformações e modernizações que estremeceram de cima para baixo as estruturas políticas e econômicas da região e que acabaram conformando o atual padrão exportador e as formas de governo que nos acompanham. Essa é nossa modernidade capitalista, a possível, a alcançável, a real.

Assim se expressam as tendências profundas do capitalismo dependente: *fundamenta-se na exploração redobrada e gera estruturas produtivas divorciadas das necessidades da população trabalhadora*, estabelecendo claras limitações para integrar, de maneira orgânica e com perspectivas de desenvolvimento, as novas tecnologias em um mundo que se revoluciona.

REFERÊNCIAS BIBLIOGRÁFICAS

AGACINO, Rafael. "Cinco ecuaciones 'virtuosas' del modelo económico chileno y orientaciones para una nueva política económica". In: *Programa de Economía y Trabajo en Chile: 1995-1996*, Santiago, PET, 1996.

AGLIETTA, Michel. *Regulación y crisis del capitalismo*. Cidade do México, Siglo XXI, 1979.

ALVAREZ, Rosa María Magaña; MARTINELLI, José María; LARIOS, Germán Vargas (orgs.). *Antología de política económica*. Cidade do México, UAM-Iztapalapa, 1997.

BAMBIRRA, Vânia. *El capitalismo dependiente latinoamericano*. 5. ed. Cidade do México, Siglo XXI, 1978.

BASSO, Lélio et al. *Transición al socialismo y experiencia chilena*. Santiago, Ceso/Ceren, 1972.

BUKHARIN, Nikolai; LUXEMBURGO, Rosa. "El imperialismo y la acumulación del capital". *Cuadernos de Pasado y Presente*, Córdoba, n. 51, 1975.

CAPUTO, Orlando. "La crisis actual de la economía mundial. Una nueva interpretación teórica e histórica". Cidade do México, XIII Seminario Internacional: Los Partidos y una Nueva Sociedad, 19-21 mar. 2009.

CAPUTO, Orlando; PIZARRO, Roberto. *Imperialismo, dependencia y relaciones económicas internacionales*. Santiago, Ceso, 1970.

CARCANHOLO, Marcelo Dias. "Dialética do desenvolvimento periférico: dependência, superexploração da força de trabalho e alternativas de desenvolvimento". In: *Anais do IV Colóquio Latino-Americano de Economistas Políticos*, São Paulo, 31 out.-2 nov. 2004, p. 11.

_____. *Causa e formas de manifestação da crise*: uma interpretação do debate marxista. Dissertação de mestrado. Rio de Janeiro, Faculdade de Economia – Universidade Federal Fluminense, 1996.

CARDOSO, Fernando Henrique; FALETTO, Enzo. *Dependência e desenvolvimento na América Latina*. Rio de Janeiro, Civilização Brasileira, 2004.

CENTRO DE ANÁLISIS MULTIDISCIPLINARIO. "Empleo y desempleo durante el gobierno de Felipe Calderón 2006-2010 (primera parte)". *Reporte de Investigación*, Cidade do México, Facultad de Economía, Unam, n. 87, jun. 2010.

_____. "Necesidad de un programa de recuperación del poder adquisitivo del salario en México". *Reporte de Investigación*, Cidade do México, Facultad de Economía, Unam, n. 70, abr. 2006.

CEPAL. *Panorama de la inserción internacional de América Latina y el Caribe 2009-2010*. Santiago.

_____. *Anuario estadístico de América Latina y el Caribe 2009*, Santiago.

_____. *Anuario estadístico de América Latina y el Caribe 2007*, Santiago.

_____. *Estudio económico para América Latina y el Caribe 2006-2007*, Santiago.

_____. *La inversión extranjera en América Latina y el Caribe 2007*, Santiago.

_____. *Panorama de la inserción internacional de América Latina y el Caribe 2007*, Santiago.

_____. *Panorama social de América Latina 2006*, Santiago.

_____. *Panorama social de América Latina 1999-2000*, Santiago.

_____. *Anuario estadístico de América Latina y el Caribe 1999*, Santiago.

_____. *La inversión extranjera en América Latina y el Caribe 1999*, Santiago.

_____. *Anuario estadístico de América Latina y el Caribe 1996*, Santiago.

COLLETTI, Lucio. *El marxismo y el 'derrumbe' del capitalismo*. Cidade do México, Siglo XXI, 1978.

DOBB, Maurice. *Economía política y capitalismo*. 3. ed., Cidade do México, Fondo de Cultura Económica, 1966.

DOS SANTOS, Theotonio. "The Structure of Dependence". *American Economic Review*, Nova York, p. 231-6, maio 1970.

_____. *El nuevo carácter de la dependencia*. Santiago, Ceso, 1968.

FEIJÓO, José Valenzuela. ¿*Qué es un patrón de acumulación?* Cidade do México, Unam, 1990.

FFRENCH-DAVIS, Ricardo. "El impacto de las exportaciones sobre el crecimiento en Chile". *Revista de la Cepal*, Santiago, n. 76, p. 262, abril 2002.

FRANK, Andre Gunder. "El desarrollo del subdesarrollo". *Monthly Review: Selecciones en Castellano*, Santiago, v. 4, n. 36, 1966.

GONZÁLEZ, Gloria Martínez. "Una comparación del salario relativo entre México y Estados Unidos, 1960-1990". *Economía: Teoría y Práctica*, Cidade do México, UAM, n. 6, 1996.

GEREFFI, Gary. "Las cadenas productivas como marco analítico para la globalización". *Problemas del desarrollo*, Cidade do México, Instituto de Investigaciones Económicas, Unam, n. 125, abr.-jun. 2001.

GUDYNAS, Eduardo. "Caminos para las transiciones post extractivistas". In: ALAYZA, Alejandra; GUDYNAS, Eduardo (orgs.). *Transiciones, post extractivismo y alternativas al extractivismo*. Lima, RedGE/Cepes, 2011.

_____. "Diez tesis urgentes sobre el nuevo extractivismo: contextos y demandas bajo el progresismo sudamericano actual". In: VÁRIOS. *Extractivismo, política y sociedad*. Quito, Caap/Claes, 2009.

HERSCHEL, F. J. "Política económica". In: ALVAREZ, Rosa María Magaña; MARTINELLI, José María; LARIOS, Germán Vargas (orgs.). *Antología de política económica*. Cidade do México, UAM-Iztapalapa, 1997.

JIMÉNEZ, Miguel Ángel Corona. "Efectos de la globalización en la distribución espacial de las actividades económicas". *Comercio Exterior*, Cidade do México, v. 53, n. 1, 2003.

LARIOS, Germán Vargas. "Notas de clase de Samuel Lichtensztejn". In: ALVAREZ, Rosa María Magaña; MARTINELLI, José María; LARIOS, Germán Vargas (orgs.). *Antología de política económica*. Cidade do México, UAM-Iztapalapa, 1997.

LICHTENSZTEJN, Samuel. "Enfoques y categorías de la política económica". In: ALVAREZ, Rosa María Magaña; MARTINELLI, José María; LARIOS, Germán Vargas (orgs.). *Antología de política económica*. Cidade do México, UAM--Iztapalapa, 1997.

LUPORINI, Cesare; SERENI, Emilio. "El concepto de 'formación económico--social'". *Cuadernos de Pasado y Presente*, Córdoba, n. 39, 1973.

MALDONADO, Serafín. "La rama automovilística y los corredores industriales en el noroeste de México". *Comercio Exterior*, Cidade do México, v. 45, n. 6, p. 490, jun. 1995.

MANDEL, Ernest. *O capitalismo tardio*. São Paulo, Abril Cultural, 1982.

MARINAKIS, Andrés. "La rigidez de los salarios en Chile". *Revista de la Cepal*, Santiago, n. 90, dez. 2006.

MARINI, Ruy Mauro. "Dialética da dependência". In: STÉDILE, João Pedro; TRASPADINI, Roberta. *Ruy Mauro Marini: vida e obra*. São Paulo, Expressão Popular, 2005.

_____. "Memória". In: STÉDILE, João Pedro; TRASPADINI, Roberta. *Ruy Mauro Marini: vida e obra*. São Paulo, Expressão Popular, 2005.

_____. *Dialéctica de la dependência*. Cidade do México, Era, 1991. [Ed. bras.: *Dialética da dependência*. Petrópolis: Vozes, 2000.]

_____. "Sobre el patrón de reproducción del capital en Chile". *Cuadernos de Cidamo*, Cidade do México, n. 7, 1982.

_____. "Plusvalía extraordinaria y acumulación de capital". *Cuadernos Políticos*, Cidade do México, Era, n. 20, p. 18-39, 1979.

_____. "El ciclo del capital en la economía dependiente". In: OSWALD, Úrsula (org.). *Mercado y dependencia*. Cidade do México, Nueva Imagen, p. 37-55, 1979.

_____. "Estado y crisis en Brasil". *Cuadernos Políticos*, Cidade do México, Era, n. 13, p. 76-84, 1977.

_____. *El reformismo y la contrarrevolución*: estudios sobre Chile. Cidade do México, Era, 1976.

MARTINS, Carlos Eduardo. "Superexploração do trabalho e acumulação de capital: reflexões teórico-metodológicas para uma economia política da dependência". *Revista da Sociedade Brasileira de Economia Política*, Rio de Janeiro, n. 5, p. 121--38, dez. 1999.

MARTNER, Carlos. "Puertos pivotes en México: límites y posibilidades". *Revista de la Cepal*, Santiago, n. 76, abril 2002.

MARX, Karl. *Grundrisse*. São Paulo, Boitempo, 2011.

_____. *A ideologia alemã*. São Paulo, Boitempo, 2007. [Ed. esp.: "La Ideología Alemana". In: *Marx-Engels. obras escogidas*. Moscou, Progreso, tomo I, 1980.]

_____. "Prólogo de la Contribución a la Crítica de la Economía Política". In: *Marx--Engels. obras escogidas*. Moscou, Progreso, tomo I, 1980.

_____. *O capital*. Rio de Janeiro, Civilização Brasileira, 5. v. 1974. [Ed. esp.: *El capital*. 7. reimp., Cidade do México, Fondo de Cultura Económica, 1973.]

MATTOS, Carlos A. de; HIERNAUX, Daniel; RESTREPO, Darío (orgs.). *Globalización y território*: impacto y perspectivas. Santiago, Universidad Católica de Chile, 1998.

MORIN, Edgar. *Introducción al pensamiento complejo*. Barcelona, Gedisa, 1998.

NÚÑEZ, Huberto Juárez. "Los sistemas *just-in-time/Kanban*, un paradigma productivo". *Política y Cultura*, Departamento de Política y Cultura/UAM--Xochimilco, n. 18, 2002.

OIT/BRASIL. *Perfil do trabalho decente no Brasil*, Brasília, 2009.

OIT/LIMA. "Anexo estadístico". *Panorama Laboral 2000*, Lima, 2000. Disponível em <http://white.oit.org.pe/spanish/260ameri/publ/panorama/2000/anexos.html>. Acesso em 15 jun. 2012.

OLAVE, Patricia. *El cambio de patrón de reproducción de capital en Chile*. Tese de doutorado. Cidade do México, Facultad de Economía – Unam, 1982.

OSORIO, Jaime. *Explotación redoblada y actualidad de la revolución*. Cidade do México, Itaca/UAM, 2009.

_____. *Crítica de la economía vulgar*: reproducción del capital y dependencia. Miguel Ángel Porrúa/UAZ, 2004.

_____. *El Estado en el centro de la mundialización*. Cidade do México, Fondo de Cultura Económica, 2004.

_____. *Fundamentos del análisis social*: la realidad social y su conocimiento. Cidade do México, Fondo de Cultura Económica/UAM-Xochimilco, 2001.

_____. "Actualidad de la reflexión sobre el subdesarrollo y la dependencia". In: MARINI, Ruy Mauro; MILLAN, Márgara (orgs.). *La teoria social latinoamericana, tomo IV*: cuestiones contemporáneas. Cidade do México, El Caballito, 1996.

_____. *Raíces de la democracia en Chile, 1850-1970*: reinterpretación del desarrollo económico y político. Cidade do México, Era, 1990.

_____. *El análisis de coyuntura*. Cidade do México, Cidamo, 1987.

_____. "El marxismo latinoamericano y la dependencia". *Cuadernos Políticos*, Cidade do México, Era, n. 39, p. 40-59, 1984.

_____. "Chile: Estado y dominación". *Cuadernos Políticos*, Cidade do México, Era, n. 36, p. 73-86, 1983.

_____. "Auge y crisis de la economía chilena, 1973-1982". *Cuadernos Políticos*, Cidade do México, Era, n. 33, p. 20-31, 1982.

_____. "Superexplotación y clase obrera: el caso mexicano". *Cuadernos Políticos*, Cidade do México, Era, n. 6, p. 5-23, 1975.

OURIQUES, Nildo. *La teoría marxista de la dependencia. Una historia crítica*. Tese de Doutorado, México, Facultad de Economía – División de Posgrado/UNAM, 1995.

ROSDOLSKY, Roman. *Gênese e estrutura de O capital de Marx*. Rio de Janeiro, Contraponto, 2001.

SADER, Emir; SANTOS, Theotonio dos (coords.), MARTINS, Carlos Eduardo; SOTELO VALENCIA, Adrián (orgs.). *América Latina e os desafios da globalização*: ensaios dedicados a Ruy Mauro Marini. São Paulo, Boitempo, 2009.

SAINT-GEOURS, Jean. *La politique économique des principaux pays industriels de l'Occident*. 2. ed., Paris, Sirey, 1973.

SOUZA, Nilson Araujo de. *Crisis económica y lucha de clases en Brasil: 1974-1979*. Tese de doutorado. Cidade do México, Facultad de Economía – Unam, 1980

SWEEZY, Paul. *Teoría del desarrollo capitalista*. 8. reimp., Cidade do México, Fondo de Cultura Económica, 1974.

TINBERGEN, Jan. *Política económica*. Cidade do México, Fondo de Cultura Económica, 1961.

WEEKS, John. "Salarios, empleos y derechos de los trabajadores en América Latina entre 1970 y 1998". *Revista Internacional del Trabajo*, v. 118, n. 2, 1999.

WORLD BANK. *World Development Report*, 1995-2008.

SOBRE OS ORGANIZADORES E AUTORES

Carla Ferreira
Doutora em História pela Universidade Federal do Rio Grande do Sul (UFRGS). Pesquisadora do Grupo de Estudos em História Econômica da Dependência Latino-Americana (Hedla-UFRGS). Coorganizadora, com André Scherer, de *O Brasil frente à ditadura do capital financeiro: reflexões e alternativas* (Lajeado, Univates, 2005). Membro do Conselho de Colaboradores da revista *Margem Esquerda*.

Jaime Osorio
Professor da Universidad Autónoma Metropolitana – Xochimilco (UAM-X) e da pós-graduação em Estudos Latino-Americanos da Universidad Nacional Autónoma de México (Unam). Um dos principais discípulos de Ruy Mauro Marini, foi pesquisador do Centro de Estudios Socioeconómicos da Universidad de Chile durante o governo de Salvador Allende. Após o golpe de 1973, exilou-se no México, onde vive até hoje. É autor, entre outros, dos livros *Explotación redoblada y actualidad de la revolución* (Cidade do México, Itaca/UAM, 2009), *Crítica de la economía vulgar: reproducción del capital y dependencia* (Cidade do México, Miguel Ángel Porrúa/UAZ, 2004), *El Estado en el centro de la mundialización* (Cidade do México, Fondo de Cultura Económica, 2004), *Fundamentos del análisis social: la realidad social y su conocimiento* (Cidade do México, Fondo de Cultura Económica, 2001), *Las dos caras del espejo: ruptura y continuidad en la sociología latinoamericana* (Cidade do México, Triana, 1995), *Raíces de la democracia en Chile, 1850-1970: reinterpretación del desarrollo económico y político* (Cidade do México, Era/UAM, 1990).

Mathias Seibel Luce
Professor do Departamento de História da UFRGS, coordenador do Hedla-UFRGS. Doutor em História pela UFRGS. Membro do Conselho de Colaboradores da revista *Margem Esquerda*.

Marcelo Dias Carcanholo
Professor do Instituto de Economia da Universidade Federal Fluminense (UFF). Doutor em Economia pela Universidade Federal do Rio de Janeiro (UFRJ). Autor de *A vulnerabilidade econômica do Brasil* (Aparecida, Ideias & Letras, 2005).

Marisa Amaral
Professora do Instituto de Economia da Universidade Federal de Uberlândia (UFU). Doutora em Economia pela Faculdade de Economia, Administração e Contabilidade da Universidade de São Paulo (FEA-USP).

Ruy Mauro Marini
Intelectual brasileiro fundador da teoria marxista da dependência. Autor, entre outros livros, de *Dialética da dependência* (Petrópolis, Vozes, 2000), *Subdesenvolvimento e revolução* (Florianópolis, Insular, 2012), *El reformismo y la contrarrevolución: estudios sobre Chile* (Cidade do México, Era, 1976), *América Latina: dependência e integração* (São Paulo, Brasil Urgente, 1992) e de numerosos artigos sobre o capitalismo latino-americano. Foi militante das organizações Política Operária (Polop) e Movimento Izquierda Revolucionaria (MIR). Atuou como professor e pesquisador na Universidade de Brasília (UnB), no Colegio de México, no Centro de Estudios Socioeconómicos (Ceso) da Universidad de Chile e na Unam. Faleceu em 1997.

OUTRAS PUBLICAÇÕES DA BOITEMPO

O caderno azul de Jenny: a visita de Marx à Comuna de Paris
MICHAEL LÖWY E OLIVIER BESANCENOT
Tradução de **Fabio Mascaro Querido**
Orelha de **Marcelo Ridenti**

Camarada
JODI DEAN
Tradução de **Artur Renzo**
Primeira orelha de **Christian Dunker**
Segunda orelha de **Manuela D'Ávila**.
Slavoj Žižek, Bruno Bosteels e Mark Fisher
Quarta capa de **Antonio Negri**

O ecossocialismo de Karl Marx
KOHEI SAITO
Tradução de **Pedro Davoglio**
Prefácio de **Sabrina Fernandes**
Orelha de **Murilo van der Laan**
Quarta capa de **Kevin Anderson e Michael Heinrich**

Marx: uma introdução
JORGE GRESPAN
Orelha de **Ricardo Antunes**

Rosa Luxemburgo e a reinvenção da política
HERNÁN OUVIÑA
Tradução de **Igor Ojeda**
Revisão técnica e apresentação de **Isabel Loureiro**
Prefácio de **Silvia Federici**
Orelha de **Torge Löding**
Coedição de **Fundação Rosa Luxemburgo**

Teoria econômica marxista: uma introdução
OSVALDO COGGIOLA
Orelha de **Jorge Grespan**

ARSENAL LÊNIN
Conselho editorial: Antonio Carlos Mazzeo, Antonio Rago, Augusto Buonicore, Ivana Jinkings, Marcos Del Roio, Marly Vianna, Milton Pinheiro e Slavoj Žižek

O que fazer?
VLADÍMIR ILITCH LÊNIN
Tradução de **Edições Avante!**
Revisão da tradução de **Paula Vaz de Almeida**
Prefácio de **Valério Arcary**
Orelha de **Virgínia Fontes**

BIBLIOTECA LUKÁCS
Conselho editorial: José Paulo Netto e Ronaldo Vielmi Fortes

Essenciais são os livros não escritos: últimas entrevistas (1966-1971)
GYÖRGY LUKÁCS
Organização, tradução, notas e apresentação de **Ronaldo Vielmi Fortes**
Revisão técnica e apresentação de **Alexandre Aranha Arbia**
Orelha de **Anderson Deo**

ESCRITOS GRAMSCIANOS
Conselho editorial: Alvaro Bianchi, Daniela Mussi, Gianni Fresu, Guido Liguori, Marcos del Roio e Virgínia Fontes

Odeio os indiferentes: escritos de 1917
ANTONIO GRAMSCI
Seleção, tradução e aparato crítico de **Daniela Mussi e Alvaro Bianchi**
Orelha de **Guido Liguori**

MARX-ENGELS
Conselho editorial: Jorge Grespan, Leda Paulani e Jesus Ranieri

Dialética da natureza
FRIEDRICH ENGELS
Tradução e notas de **Nélio Schneider**
Apresentação de **Ricardo Musse**
Orelha de **Laura Luedy**

MUNDO DO TRABALHO
Coordenação de Ricardo Antunes
Conselho editorial: Graça Druck, Luci Praun, Marco Aurélio Santana, Murillo van der Laan, Ricardo Festi, Ruy Braga

Os laboratórios do trabalho digital
RAFAEL GROHMANN (ORG.)
Orelha de **Ruy Braga**
Quarta capa de **Edemilson Paraná, Muniz Sodré e Nuria Soto**

Este livro foi composto em Minion Pro, 10,5/13,2,
e reimpresso em papel Avena 80 g/m² pela gráfica
UmLivro, para a Boitempo, em agosto de 2025.